AF277681

Valencia

por **Silvia Roba**

ANAYA
TOURING

Autora: **Silvia Roba**. Responsable editorial: **Esther García González**. Actualización y edición de la presente edición: **Susana Folgado**. Equipo técnico: **David Lozano**. Cartografía: **ANAYA Touring**. Diseño tipográfico y de cubierta: **Marivies**

Fotografías: Anaya Educación: Ruiz, J.B.: 72. **Grupo Anaya:** 116 (b), cabecera Dónde...; **Martín, J./ANAYA:** 61. **Dreamstime.com:** Bortnikau, A.: 82; Byvalet: 51 (a); Catalina, I. E.: 79 (c); Corbalan, J.: 11, 23, 83; Dudlajzov: 75 (b); Elenaphotos: 18-19, 78; Escuder C. P.: 89 (a); Filimonov, I.: 118 (a); Formoso, S.: 76 (c); Ghiea, V.: 8; Gonzalez S., F.: 59; H368K742: 42 (b); Hellodizajnera: 56 (b), 74, 121 (a); Ibrester: 12 (a-b), 13, 57 (a-b); Kirichenko, P.: 41 (b); Kosmider, P.: 70; Ladanyi, I.: 77; Lunamarina: 40 (a), 99, 103 (a), 123; Medvedkov, A.: 55; Radub85: 64 (b); Salvacubells: 116 (a); Sanz, P: 41 (a); Sena, A.: 79 (a); Titov, V.: 14-15; Venemama: 118 (b), 121 (b), 126; Vicente, M.: 64 (a); Vitalyedush: 56 (a), 58, 68; Wirestock: 108. **iStockphoto:** Auvinen, S.: 42 (a). Boarding1Now: 66; Bordallo, J.: 20-21; Buriak, I.: 73; Calabotta, M.: 52-53; Ciolca, Catalin D.: 9; Clodio: 45; CorbalanStudio: 100; david010167: 24; Davidionut: 59; fcafotodigital: 25, 84; Florin1961: 69, 71; FotografíaBasica: 98; Fotomicar: 124, 125; iFelino: 26 (b); IVANVIEITO: 46, 107 (b); Jorgefontestad: 128-129, Cabecera info; Kosmider, P. 6-7; Laguna de las Heras, R.: 111; Lunamarina: cabecera indispensables, 39, 43, 47 (b), 107 (a); mediamasmedia: 130; MEDITERRANEAN: 86-87, 101, 110; Moonstone Images: 131; Nickos: 80; Photitos2016: 38; Rarraroro: 54; Rodriguez M., Y.: 47 (a); Saiko3p: 122; Sánchez N., M.: 94 (a); Second S, S.: 2; Sedmak: 50 (b), 66-67; SGAPhoto: 106 (b); Soria Hernández, A. C.: 114; Venemama: 106 (a); Wirestock: cabecera Visita; Yelo, M.: 92 (a); Yorgil: 81; Zolotov, V.: 28-29. **Shutterstock:** ABB Photo: 120; AlexSGVisuals: 119; Amor, César M.: 92 (b); Ana del Castillo: 94 (b); Babakin, R.: 30-31; Bautista, J.: 48; Bonet, S.: 79 (b); Borja, E.: 85; CMG_IG: 115; Dietwal: 89 (b); Evgenij, G.: 26 (a); FCG: cabecera Excursiones; Huizi Unai, P.: 113; INTREEGUE Photography: 16-17, 95; Jakiello, Silvia B.: 127; Labadie, V.: 96; Lunamarina: 51 (a), 88, 103 (a y b), 104, 109, 112; Martín, S.: 105; Pabkov: 27; Papanikos, G.: 76 (a-b); Pellicer S., D.: 97 (b); RossHelen: 40 (b); Saulpaz: 93; Sedmakova, R.: 49, 62; Skovalsky: 50 (a); Tokar: 97 (a); Vladyslav, S.: 44; Zigres: 10-11; Zveiger, A.: 75 (a).

9ª edición: marzo 2024

© Grupo Anaya, S. A., 2024
Valentín Beato, 21. 28037 Madrid

Depósito legal: M-35336-2023
ISBN: 978-84-9158-736-1
Impreso en España-Printed in Spain

La información contenida en esta guía ha sido comprobada antes de su publicación. Pero dado el carácter variable de algunos datos, como horarios de visita o precios, los editores declinan toda responsabilidad por las molestias que pudieran ocasionar a los usuarios de la guía y agradecen de antemano las sugerencias y aportaciones que ayuden a mejorarla.
En **guiasdeviajeanaya.es** se puede consultar nuestro catálogo de publicaciones.

Contenido

Cómo usar esta guía 4-5

Diez indispensables 7

La Lonja de la Seda 8
El Mercado Central 9
El Carmen y Ruzafa 10
El IVAM 12
La Ciudad de las Artes y las Ciencias 14
Poblats Marítims 16
Las mejores playas 18
La Albufera 20
Las Fallas 22
La gastronomía tradicional valenciana 24

Una historia con nombres propios 26

Visita a la ciudad de Valencia 29

Valencia monumental 38
Valencia cultural 54
Valencia moderna 65
Valencia marinera 77
Valencia noctámbula 81

Excursiones por Valencia....................... 87

La ruta del arroz 89
La costa norte
 y la sierra Calderona 95
La costa sur 101
La ruta del vino 106
Por el Alto Turia 109
Hoya de Buñol y valle de Ayora 117
Xátiva y la Vall d'Albaida 122
Hacia la ribera del Júcar 126

Dónde.................................... 129

Gastronomía 130
Restaurantes 132
Tapas y horchatas 137
Compras 139
Ocio y deporte 140
Alojamientos 142

Información práctica 147

Índice.................................... 150

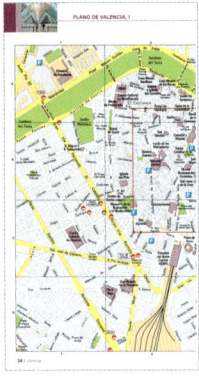

Cómo usar esta guía

Antes del viaje

Se sugiere la lectura del apartado **Diez indispensables** (de la página 7 a la 27), artículos sobre la historia, el arte, la naturaleza, las fiestas y las gentes de Valencia. Para quienes opinan que la **gastronomía** es uno de los atractivos del viaje, la sección del mismo nombre (de la página 130 a la 131) ofrece una visión bastante completa de aquellas especialidades valencianas que pueden despertar la curiosidad del viajero.

Durante el viaje

En el apartado dedicado a la **Visita a la ciudad de Valencia** (de la página 29 a la 85) se describe la ciudad a través de cinco itinerarios: **Valencia monumental** (págs. 38-53), **Valencia cultural** (págs. 54-63), **Valencia moderna** (págs. 64-76), **Valencia marinera** (págs. 77-80) y **Valencia noctámbula** (págs. 81-85). Los **planos** que aparece en las páginas 32 a 37 puede ser de gran utilidad para desplazarse por las ciudad.

Excursiones por Valencia

Bajo el epígrafe **Excursiones por Valencia** (de la página 87 a la 127) se ofrecen **8 excursiones de un día,** que son otras tantas alternativas para visitar aquellas zonas que tienen un singular valor histórico, paisajístico o monumental. Puede encontrar un **mapa de carreteras de la provincia** entre las páginas 90 y 91 que le será de gran ayuda.

La hora de comer (y cenar)

Dentro del capítulo titulado **Dónde** se incluye una amplia selección de **alojamientos** y **restaurantes** por localidades, calidades y precios. En esta misma sección se facilita también información sobre un buen número de **actividades** con las que ocupar el tiempo libre, que van desde las fiestas de las principales localidades, a otras como museos, deportes, compras...

Use los índices

Finalmente se ha elaborado un **índice de lugares** de interés que permite localizar con facilidad las páginas en las que hay alguna información de utilidad.

Planificación del viaje

En función del tiempo del que se disponga, puede conseguirse el máximo provecho a la estancia siguiendo las sugerencias siguientes:

Una semana. Visite la ciudad de Valencia siguiendo los i**tinerarios urbanos** que se proponen en esta guía. Seleccione, entre las 8 **excursiones** propuestas, las que le resulten más interesantes para conocer la provincia.
Fin de semana. Si no desea salir de la ciudad de Valencia, le sugerimos que recorra **uno o dos de los itinerarios** urbanos propuestos, y seleccione **una excursión**, entre las que se proponen, a algún punto de la provincia.
Unas horas. Si está de paso en la ciudad de Valencia y dispone solo de unas horas, visite el **recinto histórico** antes de comer o cenar en alguno de los restaurantes indicados entre las páginas 132-133. En cualquier caso, para buscar alojamiento o restaurantes puede consultar el apartado **Dónde...,** en el que se incluye un listado actualizado de establecimientos hosteleros, así como información práctica general sobre Valencia.

Clasificación por estrellas

La mayoría de los lugares descritos en el libro se han clasificado por su grado de interés como sigue:
** Visita obligada
* Interesante

SÍMBOLOS UTILIZADOS

A lo largo de la guía se han utilizado símbolos sencillos y claros para indicar las siguientes categorías:

🔖	información práctica
🕐	referencia a los planos
✉	dirección o localización
📷	número de teléfono
🌐	página web
🕐	horario
🛢	precio

SIGNOS CONVENCIONALES EN EL PLANO

▨	Edificios de interés turístico	▨	Vías rápidas
▨	Parques y jardines	▨	Calles peatonales
🛈	Información turística	🅿	Aparcamientos
Ⓜ	Metro de Valencia		

| La ruta del vino

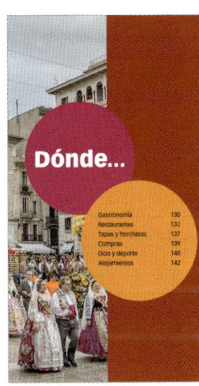

Dónde...

Gastronomía	130
Restaurantes	131
Tapas y horchatas	137
Compras	139
Ocio y deporte	140
Alojamientos	142

10
Indispensables

La Lonja de la Seda	8
El Mercado Central	9
El Carmen y Ruzafa	10
El IVAM	12
La Ciudad de las Artes y las Ciencias	14
Poblats Marítims	16
Las mejores playas	18
La Albufera	20
Las Fallas	22
La gastronomía tradicional valenciana	24
Una historia con nombres propios	**26**

La Lonja de la Seda

Es uno de los edificios más espectaculares que encierra en su casco histórico la ciudad. Con dimensiones de catedral, la Lonja de la Seda, también llamada *de los Mercaderes,* es una obra maestra del gótico civil valenciano.

Info

- ⏺ II, B2
- **Lonja de la Seda
(Llotja de Mercaders)**
- ✉ Plaza del Mercado, s/n.
- ☎ 962 084 153.
- ⏺ Lunes a sábado: 10 h-19 h.
Domingo y festivos:
10 h-14 h.
- 🎫 2 €. Gratuito: domingo
y festivos.
- 🚌 4, 7, 27, 73, 81, C1.

▼ Salón Columnario de la Lonja de la Seda.

Es preciso retroceder al pasado para entender la pasión que en Valencia sienten por el mundo de la moda, uno de los sustentos económicos más importantes de la Comunidad Valenciana (Comunitat Valenciana). Durante la Edad Media destacó la industria textil. Más adelante se desarrollaría una importante industria sedera de la cual nos queda la Lonja de la Seda, que aunque muchos la confundan con una catedral por su incomparable porte gótico, no lo es. Bajo sus columnas helicoidales –abiertas en la bóveda cual palmeras mediterráneas–, hubo un tiempo en que los mercaderes vendían y compraban seda como si de oro se tratase. Las ricas telas cedieron después su protagonismo a otros productos, pero la lonja nunca cerró sus puertas. Ahora lo hace los lunes, pero el resto de los días se llena de curiosos.

La construcción de la Lonja –la *llotja*– fue resultado de la prosperidad comercial conseguida por Valencia en el siglo XV, y pronto fue considerada un símbolo del poder de la ciudad para atraer a los comerciantes, en un momento en que ya se preveían tiempos difíciles para la economía local derivados del descubrimiento de América y el consiguiente desplazamiento del comercio del Mediterráneo hacia el Atlántico. La obra fue encargada al maestro Pedro Compte, ya conocido por haber sido el responsable de las obras del último tramo de la catedral. Los trabajos comenzaron en 1482 y se prolongaron hasta 1548, tomando siempre como modelo la Lonja de Palma de Mallorca siguiendo, eso sí, la siguiente premisa: que fuera muy bella, magnífica y suntuosa, el máximo orgullo y ornamento para la insigne ciudad valenciana. Fue declarada Patrimonio de la Humanidad en 1996 por ser un "ejemplo totalmente excepcional de un edificio secular en estilo gótico tardío, que ilustra de manera espléndida el poder y la riqueza de una de las grandes urbes mercantiles del Mediterráneo".

El plácido silencio de su interior contrasta con el continuado murmullo, ese incesante movimiento de una parada a otra, del Mercado Central, otro de los edificios emblemáticos del centro de Valencia, a solo unos pasos de la Lonja. La Catedral, también en las inmediaciones, cierra un triángulo artístico y cultural de imprescindible visita.

El Mercado Central

Enfrente de la Lonja de la Seda y al lado de la iglesia de los Santos Juanes, se encuentra este imprescindible mercado modernista que aúna la belleza arquitectónica, el interés turístico y la venta al público de productos frescos de primera calidad.

2

Con una superficie de unos 8.000 m² y sus 959 puestos donde se puede encontrar prácticamente de todo, se trata del mercado de productos frescos más grande de Europa. Desde productos típicamente valencianos como las *clóchinas* –mejillones autóctonos caracterizados por ser más pequeños y sabrosos–, anguilas –para la típica preparación del *all i pebre*– o ingredientes para la paella como el *garrofó*, la *ferraura* o la *tavella* –tipos de judías blancas y verdes– hasta productos latinos o asiáticos. Todo un templo dedicado al poderoso dios pagano del comercio.

Construido a principios del siglo xx, fue totalmente rehabilitado en el año 2004, recuperando el antiguo esplendor que poco a poco fue perdiendo. Hace poco la BBC británica le dedicó un reportaje en el cual lo cataloga como uno de los edificios comerciales e históricos más bonitos que hay en el mundo.

Si se tiene la oportunidad de usar una cocina en nuestra estancia, resulta una muy buena opción para probar productos valencianos de primerísima calidad. La zona de la pescadería, que cuenta con algo más de 1.600 m² dedicados, es especialmente interesante, por la variedad y calidad del producto. Recomendado probar las *clóchinas* valencianas, en temporada, desde abril hasta septiembre.

Pero aunque no dispongamos de una cocina hay muchos puestos donde podemos probar, por ejemplo, un zumo de naranja recién exprimido, una horchata o, si tenemos más hambre, disfrutar de un buen almuerzo –en Valencia se dice *esmorzar,* no ese invento anglosajón del *brunch*– en el Central Bar. El bar del mercado, gestionado por el importante chef Ricard Camarena, pero con la ventaja de que sirven a precios populares.

Desde lo alto de la cúpula, en la fachada exterior, nos observa la Cotorra del Mercat, veleta hecha de bronce. Se cuenta que vigila el deambular ajetreado de los vecinos y el ritmo más pausado de los turistas, sin dejar escapar ningún cotilleo o chisme de todo lo que ocurre alrededor del mercado.

Info

🅘 II, B1-2
**Mercado Central
(Mercat Central)**
✉ Plaza Ciudad de Brujas, s/n.
☎ 963 829 100.
🕐 Lunes a sábado:
   7.30 h-15 h. Domingo
   cerrado.
🌐 www.mercadocentral
   valencia.es

▼ Fachada principal del Mercado Central.

El Carmen y Ruzafa

Son los barrios noctámbulos imprescindibles de la ciudad. Cuando cae la noche el Carmen es el lugar al que definitivamente llevan todos los caminos –cerca pasa la calle San Vicente, que formaba parte de la arcaica Vía Augusta romana–, pero en los últimos años el antiguo poblado árabe de Ruzafa le ha plantado una dura competencia convirtiéndose en el barrio más alternativo de la ciudad.

Info

El Carmen
◔ I, A2

Ruzafa
◔ I, D2-4

L as calles del Carmen están cargadas de historia, y es que el barrio ha sido un auténtico espacio multiusos. Formado en torno al convento del Carmen Calzado, que le da nombre, ha sido huerta, arrabal islámico, el burdel o mancebía más importante del Mediterráneo en el siglo xv, lugar de asentamiento de gremios y artesanos, residencia de la nobleza medieval, zona de conventos, foco proletario durante la revolución industrial y, en las últimas décadas, zona de ocio nocturno. Este espíritu mestizo queda plasmado en la multitud de callejuelas, palacetes reformados, bares y espacios originales que podemos encontrar.

Mapa en mano, resulta fácil señalar sus límites: situado en el sector noroeste del casco viejo, parte de las Torres de Serranos y vuelve a ellas pasando por las calles de Caballeros, Quart, Guillem de Castro y la mar-

gen derecha del río. Sus sinuosas curvas (manzanas irregulares y calles estrechas) tienen mucho que ver con su pasado árabe, cuando las avenidas principales nacían de la muralla y atravesaban el centro urbano, que en la actualidad se corresponde con la cercana plaza de la Virgen. Tras la conquista de Jaime I, los árabes que decidieron quedarse a vivir en la ciudad vinieron a escoger como lugar de residencia precisamente un trocito del barrio del Carmen, la llamada Morería, a la que se accede por el Portal de la Valldigna.

Hoy en día, la zona conserva alguno de los talleres artesanos que le dieron brío en aquellos tiempos y hoy dan nombre a sus calles (Curtidores, Zapateros). Pero su mayor gloria no es solo la de mantener ese entrañable sabor a pasado, sino la de haberse convertido en el lugar donde hay que estar al llegar la mediachoche.

Por su parte Ruzafa, hoy en día llamado el "soho" valenciano, fue un antiguo poblado independiente de Valencia hasta 1877, anexionado una vez que ya se habían derribado las murallas de la ciudad. En los últimos tiempos los artistas se instalaron y fijaron allí sus estudios. Gradualmente el barrio se ha ido transformando y en la actualidad concentra mucha de la vida social y cultural de la ciudad, convirtiéndose en una zona muy versátil y de total actualidad, repleta de bares y pubs, honor que durante muchos años ostentaba el Carmen.

▼ El Carmen y Ruzafa son los barrios noctámbulos de la ciudad.

El IVAM

Siempre en vanguardia, y sin movernos del barrio del Carmen, el Instituto Valenciano de Arte Moderno (IVAM) es la insignia cultural de la Comunidad Valenciana y una de las instituciones de referencia del arte moderno y contemporáneo a nivel europeo.

Info

☉ I, A2
IVAM. Instituto Valenciano de Arte Moderno. Centro Julio González
(IVAM. Institut Valencià D'Art Modern)
✉ Guillem de Castro, 118.
☎ 963 176 600.
🕐 Martes a domingo: 10 h-19 h. Viernes: 10 h-20 h. Lunes cerrado.
💶 5 €.
🚌 28, 95, C1.
🚇 L1.
🌐 www.ivam.es

▶ Fachada del Instituto Valenciano de Arte Moderno (IVAM).

▼ Diferentes salas expositivas del IVAM.

Inaugurado en 1989 y diseñado por los arquitectos valencianos Carlos Salvadores y Emilio Jiménez se edificó inmerso en el casco antiguo de Valencia y su construcción permitió revitalizar el barrio del Carmen. El IVAM fue el primer museo de arte moderno en España.

Para adentrarse en este espacio blanco y diáfano se necesita tiempo. Ocupa una superficie de 18.200 m² y alberga ocho galerías destinadas a las colecciones del museo y a exposiciones temporales. En sus salas no solo vamos a encontrar pinturas y esculturas de diferentes movimientos contemporáneos, también muchas y muy buenas fotografías, muestras de diseño gráfico y otro tipo de manifestaciones de vanguardia, distribuido todo entre el edificio principal y la Sala de la Muralla, que tiene acceso independiente, y muestra los cimientos de la antigua muralla medieval construida en la segunda mitad del siglo xiv.

Los fondos están constituidos por más de 7.000 obras y vertebrados en torno a dos colecciones, la de Julio González (uno de los principales escultores del siglo xx) y la de Ignacio Pinazo, referente valenciano por excelencia. La colección del IVAM abarca un amplio arco cronológico. Comprende desde las vanguardias históricas en 1914, hasta las formas de lo contemporáneo en la actualidad, con importantes autores como James Rosenquist, Richard Hamilton, Robert Rauschenberg, Annette Messager, Cindy Sherman, Jacques Lipchitz, entre otros.

Además, el IVAM pone a disposición de los visitantes una magnífica biblioteca especializada en arte moderno, donde se pueden consultar libremente más de 10.000 volúmenes.

Si el IVAM no para de sumar visitantes, no es solo por sus contenidos sino también por sus buenas iniciativas. Con una metodología inclusiva y colaborativa el IVAM organiza, asimismo, actividades culturales, conciertos de jazz y flamenco, y acciones de mediación para visitantes de todas las edades, que buscan enriquecer y mejorar la experiencia del público en el museo.

La Ciudad de las Artes y las Ciencias

En el tramo sur del antiguo cauce del Turia se alza imponente la admirable, megalómana y siempre excesiva Ciudad de las Artes y las Ciencias. Símbolo internacional de la Valencia de las grandes construcciones y eventos que se abría al mundo a principios de este siglo XXI, es una visita imprescindible.

5

Info

⊙ I, D4
**Ciudad de las Artes y las Ciencias
(Ciutat de les Arts i les Ciències)**

✉ Av. Professor López Piñero, 7.

☎ 96 197 46 86.

🖥 Todo el complejo (Museo, Hemisférico y Oceanográfico): 45,20 €.
2 recintos: 38,90 €.
1 recinto: 8,70 €.

🚌 1, 13, 15, 19, 24, 25, 35, 40, 95 y 99.

🚇 L10, L3, L5 (parada: Alameda, a 15 minutos del recinto).

🌐 www.cac.es

El complejo, diseñado por Santiago Calatrava y Félix Candela, es ciertamente impresionante y grandioso. Postal y portada obligada de guías turísticas y revistas de viajes. También sedujo a productores y a estrellas de Hollywood como George Clooney, que rodó aquí, en 2013, la película *Tomorrowland* ("El mundo del mañana").

Se trata de un complejo de ocio científico y cultural que ocupa unos 2 km del antiguo cauce del río Turia.

En el complejo podemos destacar el Museo de las Ciencies Príncipe Felipe, un referente de la ciencia interactiva; su espectacular fachada exterior con formas geométricas imposibles recuerda al esqueleto de un dinosaurio. El Palacio de las Artes Reina Sofía, dedicado a representaciones de ópera, zarzuela, danza, flamenco, que se alza desafiante con sus 75 m de altura y más de 40.000 m² de superficie.

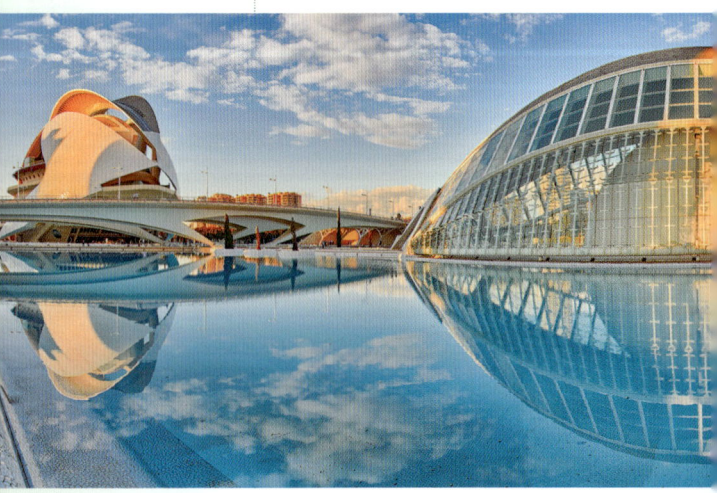

El Hemisférico, sala de proyecciones que evoca la figura de un ojo humano abierto al conocimiento del mundo, con una cubierta ovoide de 100 m de longitud, que alberga en su interior la gran esfera que constituye la sala de proyecciones. El Oceanográfico, que es la atracción más visitada de Valencia y el acuario más grande de Europa. El Umbracle, espectacular paseo ajardinado con unas increíbles vistas a todo el complejo, y el Ágora que desde 2020 alberga el CaixaForum Valencia y cuenta con una superficie útil de 9.200 m² y dispone de dos grandes salas de exposiciones situadas en la planta baja junto con aulas polivalentes, un auditorio, espacios educativos, una librería y un restaurante.

Las torres diseñadas por Félix Candela evocan la imagen de unos nenúfares flotando sobre la superficie de un lago y, como no podría ser de otra manera, el agua es el elemento central sobre el que todo gira. Se utilizan 42 millones de litros de agua marina de la Malvarrosa, depurados en tan solo 4 h a lo largo de más de 25 km de tuberías. Ocupando un espacio de 110.000 m², donde viven unos 45.000 animales de más de 500 especies distintas.

Toda una ciudad futurista dedicada al arte, al conocimiento y a la espectacularidad arquitectónica más absoluta, que sin embargo ha conocido episodios polémicos en cuanto a su gestión, planificación y desarrollo.

Info

Palacio de las Artes Reina Sofía
- Visitas guiadas: 11 h, 12.15 h, 13.30 h, 15.45 h y 17 h. Domingo: 11 h, 12.15 h, 13.30 h.

Museo de las Ciencies Príncipe Felipe
- Lunes a jueves: 10 h-18 h. Viernes a domingo: hasta las 19 h. Verano: hasta las 21 h.

El Hemisférico
- Consultar cartelera (iniciada la proyección, no se permitirá el acceso).

Oceanográfico
- Domingo a viernes: 10 h-18 h. Sábado: hasta las 19 h. Temporada alta: todos los días, 10 h-00 h.

Ágora - CaixaForum
- Lunes a domingo: 10 h-20 h.

▼ Ciudad de las Artes y las Ciencias al atardecer.

Poblats Marítims

6

El distrito de Poblats Marítims comprende los cinco barrios marineros de Valencia y tiene bastantes puntos de interés, además de las playas. Aquí podremos apreciar los contrastes entre la lujosa Marina Real Juan Carlos I, puerto deportivo construido para la Copa América de 2007, y el barrio del Cabanyal-Canyamelar, pintoresco y clásico barrio de pescadores.

En la actualidad se encuentra en proceso de rehabilitación, después de protagonizar una ardua lucha de 17 años con el ayuntamiento de Rita Barberá, que quería derribar 1.500 viviendas del barrio para prolongar la avenida de Blasco Ibáñez hasta el mar. Irónicamente Blasco Ibáñez fue un firme republicano y defensor de los derechos de los pescadores del Cabanyal.

El símbolo de la Copa América es el edificio Veles e Vents, llamado así por un poema de Ausias March. Fue diseñado por el arquitecto David Chipperfield y construido en un tiempo récord entre 2005 y 2006, como base de operaciones de la regata, ya que desde sus terrazas se obtienen las mejores vistas del puerto deportivo. Sus cuatro plantas blancas, de acero y cristal, parecen estar suspendidas en el

▼ Marina Real, con el edificio *Veles e Vents* al fondo.

aire sin sujeción aparente, como velas que flotaran sobre el viento y el agua. Las terrazas de la primera planta son de libre acceso y un lugar con buenas vistas desde el que contemplar el atardecer sobre el puerto, con los tinglados modernistas al fondo y edificios tan emblemáticos como la Casa del Reloj. Además la terraza desemboca en una extensa prolongación del edificio, que ocupa unos 15.000 m^2 y está llena de pubs y restaurantes de ambiente *cool* sobre la Marina. Frecuentados por la gente guapa de la ciudad cuando llega el buen tiempo.

Por el contrario el Cabanyal es un barrio popular de tradición marinera. Poblado independiente de Valencia hasta finales del siglo XIX. Por una ordenanza de aquella época se prohibió que se construyeran y repararan las típicas barracas valencianas, por el riesgo de incendio que corrían, con lo que los pescadores comenzaron a recubrir sus casas de *trencadís* –azulejos típicos valencianos–, imitando el estilo modernista de la burguesía valenciana. En Semana Santa celebran los únicos festejos interesantes de la ciudad en esas fechas: la diferente Semana Santa Marinera. Los cofrades llevan el Cristo hasta la orilla del mar, con el consiguiente asombro de los despistados turistas en bañador, que lo graban todo con el móvil.

Las mejores playas

7

Si por algo es famosa Valencia es por su sol y sus fantásticas playas, rebosantes de gente en cuanto llega el buen tiempo. Sus arenales urbanos son toda una tentación. Y el resto también: la Comunitat es la segunda autonomía española con más banderas azules en sus costas.

En la provincia de Valencia el litoral es muy llano y las playas son en su gran mayoría grandes extensiones de arena fina muy accesibles y con todos los servicios. La contrapartida es que no hay calas espectaculares y es difícil encontrar playas donde no se haya construido demasiado, pero todavía quedan algunos hermosos arenales protegidos donde olvidarse del mundo, sobre todo en la Albufera y algunas playas de Sagunto.

El puerto es la referencia que parte el litoral valenciano, mientras que al sur salimos de la ciudad en dirección a las playas de Pinedo y El Saler en el parque de la Albufera, al norte se encuentran las dos playas urbanas de Valencia: El Cabañal-Las Arenas y la Malvarrosa. Estas se unen con La Patacona de Alboraya, que en realidad podrían ser la misma inmensa playa. La gran extensión de arena fina y dorada invita

▶ Valencia posee numerosas y espléndidas playas, la mayoría reconocidas con la bandera azul que les concede cada año la Unión Europea por la calidad de sus aguas.

a tomar el sol, pasear, jugar con los niños o practicar deporte, aprovechando las buenas instalaciones, mientras sus aguas son el mejor bálsamo contra el calor del verano.

Si buscamos playas más tranquilas y naturales, podemos conducir hasta las cercanas playas de la Albufera. En un entorno privilegiado, rodeadas de pinos, en el parque natural a solo 10 km de Valencia. Las más recomendables son las playas de la Garrofera, la playa de El Saler, la Devesa o L´arbre del Gos, con algunas zonas habilitadas para la práctica del nudismo. Si por el contrario buscamos playas grandes con todos los servicios y auténticas ciudades alrededor, podemos seguir dirección sur, hacia las famosas playas de Cullera y Gandía, o las más tranquilas de su vecina Oliva.

Hacia el norte también es posible disfrutar de algunas playas menos concurridas y más auténticas, con pocas construcciones que nos afeen las vistas. Hay que conducir un poco más, una media hora hasta llegar a Canet d´en Berenguer. Canet tiene una buena playa urbana, pero al norte de Canet hay algunas playas pertenecientes a Sagunto que merecen mucho la pena: Corinto-Malvarrosa y Almardá. Extensas y tranquilas, mezclan zonas de grava con otras de arena fina donde también hay un amplio espacio para nudistas.

La Albufera

8

Un pequeño mar. Así es la Albufera que, cada mañana, los pescadores recorren en sus *barquets*. Su habitante más famoso es la anguila, que, una vez capturada, sirve de base a uno de los platos típicos de Valencia: el *all i pebre*.

El bosque parecía alejarse hacia el mar, dejando entre él y la Albufera una extensa llanura baja cubierta de vegetación bravía, rasgada a trechos por la tersa lámina de pequeñas lagunas…". Las palabras son de Vicente Blasco Ibáñez (1867-1928), uno de los pilares de la literatura valenciana, que plasmó con total realismo la vida de los pescadores y arroceros de la Albufera en algunas de sus novelas más populares. Entre ellas, *La Barraca* y *Cañas y Barro,* ambientadas a finales del siglo XIX y adaptadas con gran éxito para la televisión en los años setenta.

Los tiempos han cambiado y sin embargo todavía queda, y bastante, de aquellas estampas descritas. Lo primero es el paisaje, parque natural que sobrevive a pesar de que muchas de sus hectáreas han sido ganadas para el cultivo del arroz. Impresionante, sobre todo al amanecer o al caer la tarde. Lo segundo, son las costumbres. La Cofradía de Pescadores de El Palmar, isla situada en el centro de la Albufe-

▼ Parque Natural
de la Albufera.

ra, controla el derecho de calado desde mediados del siglo XIII con idénticas normas desde entonces. Bueno, idénticas no, ahora y tras años de duras confrontaciones, las mujeres también tienen derecho a faenar en *barquets,* percha en mano.

A los profanos siempre les quedará un tranquilo paseo en barca, acompañados por algún pescador, que, por un módico precio, le contará la vida y milagros de los habitantes de este pequeño mar, cómo se construye una barraca (con cañas y barro, por supuesto) o cómo se realiza la pesca de la anguila, que después pasará a los platos convertida en *all i pebre.* Es este un sitio mágico, empeñado en subsistir pese a los pesticidas empleados en los alrededores y la degradación medioambiental.

La Albufera ha sido declarada humedal de importancia internacional según el convenio RAMSAR, que protege estas áreas en todo el mundo, y es zona fundamental de acogida de aves. Pero aquí no todo es calma. Hay un día del calendario en el que cambia de aspecto. Es durante las fiestas del Cristo de la Salud, en los primeros días de agosto. Al atardecer, más de un centenar de barcas (una de ellas portadora de la imagen del Cristo) parte al centro del lago. Una vez allí, se suceden los cantos y los rezos hasta que los últimos rayos de sol caen sobre las aguas de la Albufera.

Info

Parque Natural de la Albufera (Parc Natural de l'Albufera)

✉ Puntos de información: paseo marítimo de Pinedo: junto a la playa; Muntayar de la Mona (El Saler): en el vial del Tallafoc del Saler, que comunica esta pedanía con la playa; mirador de la gola de Pujol: en la ctra. CV 500, junto a la Gola del Pujol, que comunica el lago de l'Albufera con el mar; Devesa-sur: al final de la ctra. de entrada a la zona sur de la Devesa desde la CV 500, en el vial central, junto al Estany del Pujol; El Palmar: junto a la zona de acceso al embarcadero, frente al canal.

🕐 Puntos de Información: de 10.30 h a 14 h, excepto el situado en El Palmar, que cierra a las 13.30 h.

🚌 Autobús de línea de la compañía Herca. Desde Valencia, el primer autobús sale desde la avda. Germanías 34 (esquina de la C/ Sueca) a 5 minutos de la estación del Norte. También se puede tomar el autobús en las paradas de la plaza de Cánovas (Marqués del Turia) y en el Oceanogràfic. La parada para visitar la albufera es la del embarcadero del Palmar.

🌐 http://albufera.valencia.es

Las Fallas

Es la fiesta grande de Valencia. Llega marzo y arden sus calles bajo la advocación de su patrón, san José, en vísperas del solsticio de primavera. Más de 700 monumentos de cartón o poliuterano serán pasto de las llamas en solo unos minutos después de un año de desvelos y trabajo.

Entre todos los elementos es el fuego y no el agua el más purificador. Al menos, eso piensan en Valencia y, en general, en toda la Comunidad. En Alicante son famosas las hogueras de San Juan. Pero, sin duda, son las fallas la gran explosión lúdico-festiva de estas tierras. Celebraciones que duran casi un mes y que han traspasado fronteras. De ahí su catalogación como Fiesta de Interés Turístico Internacional.

Durante todo el año, los valencianos piensan en las Fallas, pasa mucho tiempo desde que una comisión encarga la realización de uno de estos peculiares monumentos satíricos hasta que se lleva a cabo su instalación. Los orígenes son profanos y se remontan al siglo XVIII –cuando los carpinteros quemaban estructuras que les sobraban en los talleres al llegar el buen tiempo– aunque es san José quien abandera fuegos artificiales y *mascletàs*. Desde el 15 al 19 de marzo todo es bullicio, alegría y entrega. Prohibido usar el coche en esos días. Imposible por los atascos, porque numerosas calles están cortadas y porque lo más importante aquí es andar... para ver. Las fallas más importante son la del Ayuntamiento –que está fuera de concurso– y las de la Sección Especial, que todos los años compiten y se gastan un dineral por ver cuál ha sido la mejor o más grandiosa. No es extraño que lleguen a los 30 m de altura. Pero también conviene perderse por algunos barrios más alejados del centro. Aquí los *ninots* le sorprenderán no tanto por sus dimensiones como por su ingenio.

Como casi siempre en este mundo, lo mejor en estas fiestas es no dejarse llevar por la grandiosidad y las apariencias y fijarse en los detalles. En los trajes repletos de adornos de las falleras, en las flores que inundan plazas y rincones, en el omnipresente olor a pólvora y en el sabor del chocolate que las horchaterías y bares preparan con frenesí para degustar a cualquier hora junto a sus inseparables buñuelos de calabaza.

Son fiestas para ver y sentir. Eso sí, reserve alojamiento con antelación, porque aunque no se vaya a dormir, en Valencia en esas fechas no cabe un alma. Aforo completo en la ciudad y también en los alrededores, que, a menor nivel, también realizan sus particulares Fallas, la gran ceremonia en honor a la primavera.

▶ Las Fallas son la fiesta grande de Valencia. Se celebran del 15 al 19 de marzo en honor a san José.

La gastronomía tradicional valenciana

10

Probablemente no sería exagerado decir que la gastronomía tradicional valenciana es una de las más reconocidas del mundo. Este reconocimiento traspasa todas las fronteras y se debe sin duda a su plato más internacional: la paella. Tanto es así que ha llegado a incluirse como *emoji* de Whatsapp, protagonizando una divertida polémica frente a otros iconos que representaban "arroz con cosas".

Y es que esta polémica no es nueva. Precisamente debido a su fama y a todo el arte que se necesita para elaborarla, la paella es un plato que ha sufrido auténticas atrocidades gastronómicas a lo largo de todo el mundo, incluso en Valencia, en locales más interesados en desplumar al turista despistado que en ofrecer un producto de calidad. Por desgracia, paseando por el centro de la capital, es relativamente habitual ver a turistas nórdicos en las terrazas, cenando "paellas" precocinadas que a un valenciano no se le ocurriría ni probar. De ahí la famosa frase que a veces los valencianos escuchan en el resto de España: "Pues no es para tanto la paella valenciana, la peor paella que he probado la comí en Valencia". Quizá deberían probar una auténtica paella valenciana, para poder comparar y ser capaz de apreciar todo el arte y la destreza necesarias para elaborar este plato exquisito, tan famoso como maltratado.

En el siglo XVIII los pescadores de la Albufera ya cocinaban paellas con anguilas, caracoles y judías, añadiéndole pato en ocasiones. El nombre de *paella* se debe al recipiente en el que se cocina (ese que en el resto de España se llama paellera), y fue evolucionando con la imaginación y con los ingredientes de los que disponían las familias, originando un gran número de variantes. Actualmente la variedad de arroces que podemos encontrar en Valencia es enorme, pero cuando se habla de paellas prácticamente se sobreentiende

▼ Arroz cocinado de forma tradicional.

que son la paella valenciana o la paella de marisco –la paella mixta no goza de buena reputación–, y el resto serían arroces o paellas especiales.

Como Valencia nunca ha sido una región ganadera se cocinaba con animales de corral y verduras de la huerta. Así la reconocida como auténtica paella valenciana lleva pollo, conejo, *garrofó* (grandes alubias blancas), *ferradura* (judía verde plana) y *tavella* (judías blancas), un poco de tomate, aceite, pimentón, azafrán y una rama de romero. Dependiendo del lugar y la temporada puede llevar también alcachofas o *vaquetes* (caracoles). Como defenderían los puristas, con arroz de la Albufera de la variedad sénia mejor que bomba, cocinada a la leña de naranjo y con agua de la provincia de Valencia, rica en cal, lo que la hace mala para el consumo pero buena para el punto de cocción del arroz. Una paella así, cocinada como antaño en la huerta, se puede probar por ejemplo en el restaurante L'Alter, en Picassent, a unos 20 minutos de Valencia.

▲ Horchata con *fartons*.

Otro de los aspectos a tener en cuenta en una buena paella y que la diferencia de otros arroces de la península, es que la capa de arroz debe ser muy fina, de menos de un dedo de grosor, y tiene que tener un poquito de *socarrat,* ese arroz que se queda más tostado –que no es lo mismo que quemado– y pegado en el fondo de la paella y que para muchos es delicioso.

Aunque casi siempre sea el arroz el ingrediente estrella, en formato seco, meloso o caldoso, no solo de paella vive el hombre y la cocina tradicional valenciana tiene una gran cantidad de platos que podremos degustar en nuestra visita. Otro de los más famosos es la *fideuà,* originaria de Gandía y parecida a una paella de marisco, pero con fideos en vez de arroz. Antes ya hemos hablado de la excelencia de las *clóchinas* al vapor y el *all i pebre* de anguila. De postre nada mejor que naranjas valencianas acompañadas de una buena mistela.

Y por supuesto no podemos olvidarnos de la horchata. La bebida valenciana por excelencia, extraída del tubérculo de la chufa. La horchata artesana, como se puede probar en muchas de las horchaterías de Valencia, es una bebida sana y refrescante que no tiene nada que ver con las que venden ya embotelladas en los supermercados. Pero las mejores las encontramos en el cercano municipio de Alboraya, auténtica cuna de la horchata. Se puede acompañar mojando los tradicionales *fartons,* especie de bizcocho alargado con una capa de azúcar glaseado por encima. Y otro clásico para la merienda, sobre todo en fiestas: buñuelos de calabaza acompañados de un buen chocolate caliente. *Bon profit!*

Una historia con nombres propios

Valencia ha sido cuna de personajes ilustres que en ella nacieron o desarrollaron sus habilidades. Rodrigo Díaz de Vivar, Jaime I de Aragón, la familia Borja, Joaquín Sorolla son algunos de los personajes que conforman la historia de la ciudad y su provincia.

Nos saltamos la época prehistórica, que ahí no había nombres propios (atención a las pinturas rupestres del Barranco del Sordo, en Ayora), para buscar en los archivos al primer enemigo valenciano: Aníbal. Las tropas cartaginesas trataron de conquistar la estratégica Sagunto allá por el año 219 a. C. Pero sin éxito. Los valientes saguntinos prefirieron morir en la hoguera a rendirse ante el invasor. Publio Cornelio Escipión reconstruyó la ciudad. A él se debe el reforzamiento del castillo (pasó a ser inexpugnable) y la construcción del teatro y el circo.

Después vinieron los árabes, de cuya estancia apenas quedan rastros arquitectónicos importantes en Valencia capital, aunque no se puede decir lo mismo del resto de pueblos y ciudades de la provincia. Empezando por la toponimia (Albufera, Albaida, Alboraya...) y acabando por la estructura urbanística de numerosos municipios (Sagunto, Requena), sin olvidar las torres defensivas de Bétera, Paterna, Náquera y Serra, las murallas de Oliva y Cullera, o las peculiares Covetes dels Moros, casas ubicadas en las rocas en Bocairent.

El primero en intentar acabar con el dominio musulmán en Valencia fue Rodrigo Díaz de Vivar, en el siglo XI. No es que viviera mucho en ella, pero en Requena se encuentra la casa del Cid donde sus hijas contrajeron matrimonio con los infantes de Carrión. La conquista del reino valenciano la culminó Jaime I de Aragón en 1238, héroe sin paliativos presente hasta en el rincón más insospechado: en el nombre de una calle, en una figura de bronce, en más de un ninot indultado... Se le guarda especial respeto en Valencia, con una escultura a cuyos pies descansa la Senyera (bandera del reino valenciano) cada 9 de octubre, festividad de la Comunidad.

En 1609 tuvo lugar la expulsión definitiva de los moriscos, que se replegaron como pudieron en el territorio casi inaccesible de Cortes del Pallás. De ellos quedaron muchas costumbres, tales como hacer de la comida un acto social, añadir calabaza a los postres y elaborar fantásticas piezas de cerámica, ya que los

▲ Estatuas de Jaime I el Conquistador (arriba) y Rodrigo Díaz de Vivar, el Cid Campeador.

árabes fueron quienes enseñaron a los cristianos de Manises a dominar la técnica del barro cocido. Aún hay más: de no ser por ellos, no existirían las fiestas de Moros y Cristianos, que no están nada mal. Para muestra, las de Albaida, en octubre.

En el siglo XIV Gandía se convirtió en ducado, del que fue titular la familia Borja (más conocidos como Borgia), conspiradores de iglesia y de palacio que aportaron a la historia personajes tan diferentes como San Francisco de Borja, los papas Alejandro VI y Calixto III, César y Lucrecia... En el siglo XVI, en el año 1550 para ser exactos, un pirata puso el miedo en el cuerpo a los valencianos, concretamente a los vecinos de Cullera. El pirata Dragut atacó la ciudad e intentó devastarla. Hoy en día tiene un museo propio en la bahía de los Naranjos que conmemora sus hazañas.

▲ Estatua del papa Alejandro VI en Xàtiva.

Valencia fue juez y parte en la Guerra de Sucesión (1707), cuando Felipe de Anjou y Carlos de Austria peleaban por sentarse en el trono español. En estas tierras hubo de todo, partidarios borbónicos y del otro bando. Entre éstos, Xàtiva, que acabada la contienda vio cómo el ya rey Felipe V juraba su odio eterno a la ciudad. No solo intentó quemarla sino que además cambió su nombre por el de Nueva Colonia de San Felipe. En recuerdo de tan nefasto capítulo histórico, en el Museo Municipal de Xàtiva hay un retrato del monarca colgado del revés. Felipe V sí fue, sin embargo, generoso con Llíria, a la que convirtió en ducado para regalárselo a su amigo y ayudante duque de Berwick, antepasado directo de la actual duquesa de Alba.

Si nos alejamos del campo político y religioso y nos centramos en el saber y la cultura, también han nacido personalidades dignas de mención: Vicente Blasco Ibáñez, uno de los escritores realistas más famosos de nuestro país; Joaquín Sorolla, de los pocos pintores que ha podido disfrutar en vida de su éxito en el mundo del arte; Concha Piquer, una de las figuras más relevantes del género de la copla, o el cineasta Luis García Berlanga, calificado como uno de los directores más relevantes del mundo superando la censura inteligentemente y consiguiendo hacer crítica social de una manera sublime.

Y por último, pero no por eso menos importante, en el terreno futbolístico, el Valencia F.C. también ha conquistado lo suyo: en sus vitrinas hay ocho Copas del Rey (la última en 2019), seis títulos de Liga, una Copa Eva Duarte, una Supercopa de España, tres Copa de la UEFA, dos Supercopas de Europa y una Recopa de Europa. Y de verdad que a la ciudad le importa esto tanto o más que las historias pasadas.

Visita a la ciudad de **Valencia**

Valencia monumental   38
Valencia cultural   54
Valencia moderna   65
Valencia marinera   77
Valencia noctámbula   81

Visita a la ciudad de Valencia

Inmersa en las tradiciones más arraigadas y a la vez en las vanguardias más transgresoras, Valencia es, ante todo, una urbe despierta y en continua transformación. La tercera ciudad de España por número de habitantes (809.501 en el último censo), debe sus orígenes a los romanos. Los árabes la convirtieron en una ciudad importante gracias a la potenciación de la agricultura y a la introducción de productos tan comunes ahora como las naranjas, el arroz

▼ Plaza del Ayuntamiento.

y la caña de azúcar. Conquistada por Rodrigo Díaz de Vivar, el Cid, en 1094 y reconquistada de nuevo por Jaime I en 1238, Valencia ha sido testigo directo de episodios como el desembarco de Alfonso II en 1875 o su apoyo al bando republicano en la Guerra Civil y ha visto cómo su propio destino cambiaba una y otra vez de rumbo debido a las belicosas agua del Turia. Hoy, la antigua cuna del Turia ya no asusta a nadie: su lugar lo ocupan amplios jardines en cuyo último extremo ha nacido la Ciudad de las Artes y las Ciencias, un proyecto por el que la capital de la Comunidad es ya conocida en el mundo entero más allá de sus célebres Fallas.

I Planificación de la visita

Se proponen a continuación **cinco itinerarios básicos** y **complementarios** entre sí para visitar la ciudad de Valencia. El primero de ellos se dirige hacia los **monumentos y edificios civiles y religiosos** más importantes de la ciudad, sobre todo alrededor del centro histórico. El segundo es un recorrido por los principales **museos y espacios expositivos** de Valencia, y por los **palacios e iglesias** que salpican el recorrido entre ellos. El tercero es un repaso a la **Valencia más moderna,** que partiendo desde la Ciudad de las Artes y las Ciencias sigue de puente en puente el curso del antiguo cauce del Turia. El cuarto nos lleva directamente hasta el Mediterráneo, al **puerto** y a **la playa de la Malvarrosa,** mientras que el quinto y último regresa a algunos de los barrios más interesantes y divertidos de la ciudad cuando la noche ha caído. Si el viajero dispone de poco tiempo, se recomienda que no deje de visitar los lugares marcados con dos estrellas (✱✱) ya que son absolutamente imprescindibles para conocer Valencia.

Para facilitar la visita se incluyen dos **planos** de la ciudad (pág. 32-35) y un **mapa de accesos** a Valencia (pág. 36-37).

El símbolo 🔄 remite a la localización de los monumentos y lugares de interés dentro del plano, mientras que las estrellas (✱ o ✱✱) hacen referencia a su importacia o su especial mérito artístico o histórico.

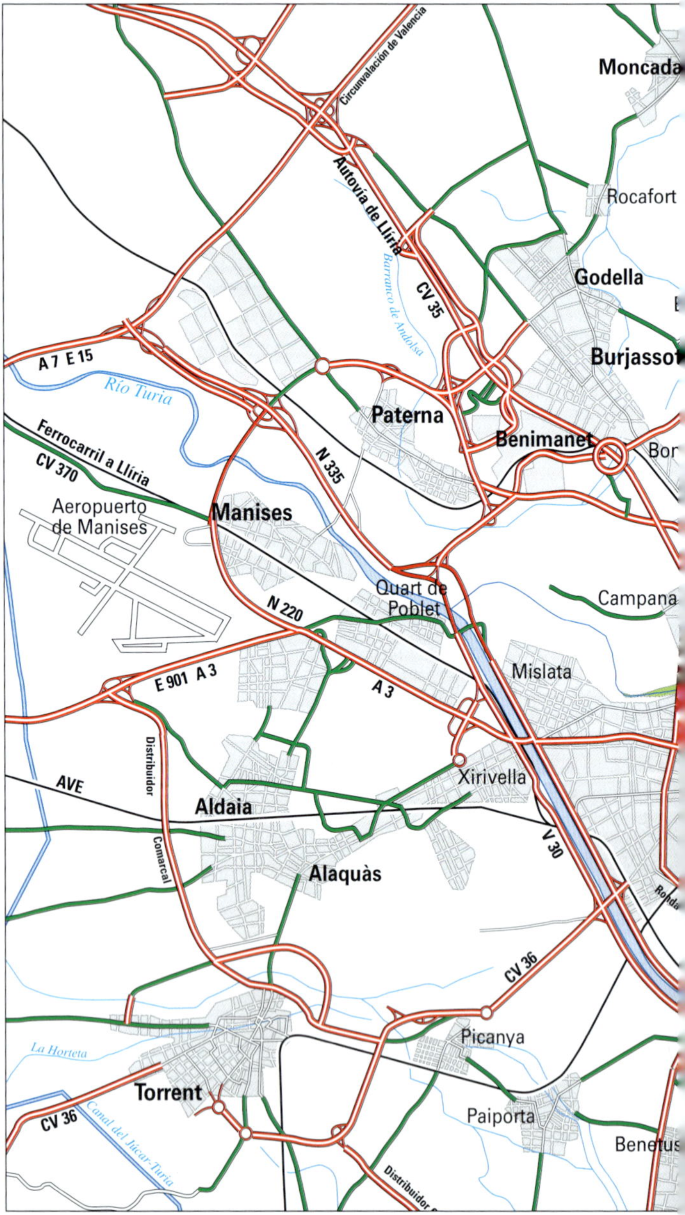

Moncada

Rocafort

Circumvalación de Valencia

Autovía de Llíria

CV 35

Godella

Burjasso

A 7 E 15

A Madrid-Alicante

Río Turia

Barranco de Andalsa

Paterna

Benimanet

Bor

Ferrocarril a Llíria

CV 370

N 335

Manises

Aeropuerto
de Manises

N 220

Quart de
Poblet

Campana

A Madrid

E 901 A 3

A 3

Mislata

AVE

Distribuidor

Xirivella

Aldaia

Comarcal

V 30

Alaquàs

Roldà

CV 36

La Horteta

Picanya

Torrent

CV 36

Canal del Júcar-Turia

Paiporta

Benetú

Distribuidor S

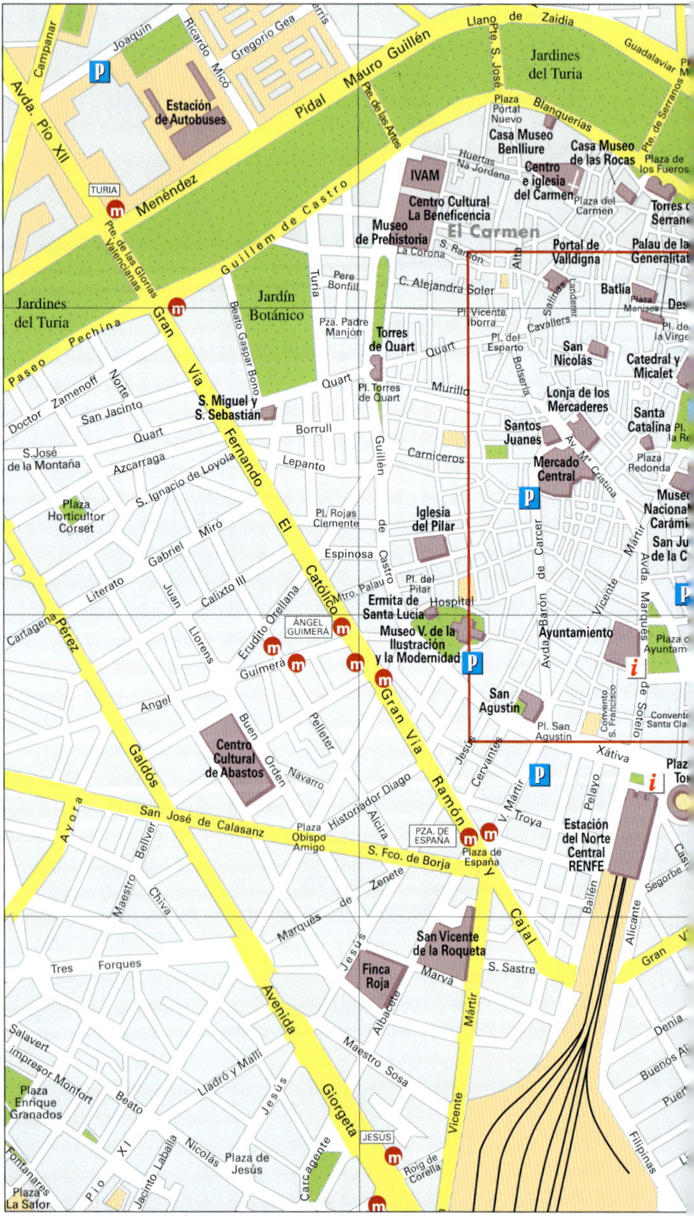

1

2

Joaquín · Ricardo Micó · Gregorio Gea

Avda. Pío XII · Campanar

Llano de · Zaidía

Pte. de San José

Guadalaviar M

Pte. de las Glorias Valencianas

Jardines del Turia

P

Estación de Autobuses

Pidal · Mauro Guillén

Plaza Portal Nuevo

Blanquerías

Casa Museo Benlliure

Casa Museo de las Rocas

Plaza de los Fueros

A

TURIA

m

Menéndez

Huertas Na Jordana

IVAM

Centro e iglesia del Carmen

Plaza del Carmen

Torres de Serrano

Guillem de Castro

Centro Cultural La Beneficencia

S. Ramón

El Carmen

Portal de Valdigna

Palau de la Generalitat

Museo de Prehistoria

La Corona

Pte. de las Artes

Pere Bonfill

C. Alejandra Soler

Alta

Salitre

Batlía

Plaza Manises

Des.

Pl. de la Virge

Jardines del Turia

Gran

m

Jardín Botánico

Turia

Pza. Padre Manjón

Pl. Vicente Iborra

Cavallers

Pl. del Esparto

San Nicolás

Catedral y Miguelet

Paseo · Pechina

Vía

Beato Gaspar Bono

Torres de Quart

Quart

Pl. del Esparto

Bolsería

Lonja de los Mercaderes

Santa Catalina

Pl. de la Re

Doctor · Zamenoff · Norte

Fernando

Quart

Pl. Torres de Quart

Murillo

Santos Juanes

Avda. Cristina

Plaza Redonda

San Jacinto

S. Miguel y S. Sebastián

Borrull

Carniceros

Mercado Central

Museo Naciona Carámi

B

S.José de la Montaña

El

Azcárraga

Lepanto

Guillén

P

San Ju de la C

Plaza Horticultor Corset

S. Ignacio de Loyola

Católica

Pl. Rojas Clemente

Iglesia del Pilar

Martí

P

Gabriel · Miró

Espinosa

Avda. Barón de Cárcer

Vicente

Literato

Juan · Calixto III

Mtro. Palau

Pl. del Pilar

Hospital

Marqués

Cartagena · Pérez

Llorens

Erudito Orellana

m

ÁNGEL GUIMERÁ

Ermita de Santa Lucía

Ayuntamiento

Plaza d Ayuntam

i

Guimerá

m

Museo V. de la Ilustración y la Modernidad

P

de Sotelo

Angel

m

Gran

Jesús

Convento S. Francisco

Convento Santa Cla

C

Galdós

Centro Cultural de Abastos

Buen · Orden

Pelleter

Navarro

Vía

San Agustín

Ramón

Pl. San Agustín

Xàtiva

Plaza Tor

i

Ayora

Maestro

Belluga

San José de Calasanz

Plaza Obispo Amigo

Historiador Diago

Alicia

PZA. DE ESPAÑA

Cervantes

V. Mártir

V. Troya

P

Pelayo

Estación del Norte Central RENFE

Segorbe

Chiva

S. Fco. de Borja

m

Plaza de España

Bailén

Alicante

Tres · Forques

Marqués

Zenete

Jesús

San Vicente de la Roqueta

Catal

Gran V

Maestro

Avenida

Finca Roja

Marvá

S. Sastre

Mártir

Denia

D

Salavert impresor Monfort

Beato

Lladró y Malli

Maestro Sosa

Vicente

Buenos Ai

Plaza Enrique Granados

XI

Jesús

Filipinas

Fontanares

P.I.O

Jacinto Labaila

Nicolás

Plaza de Jesús

Giorgeta

Carcagente

JESÚS

m

Plaza La Safor

Roig d Corella

1

2

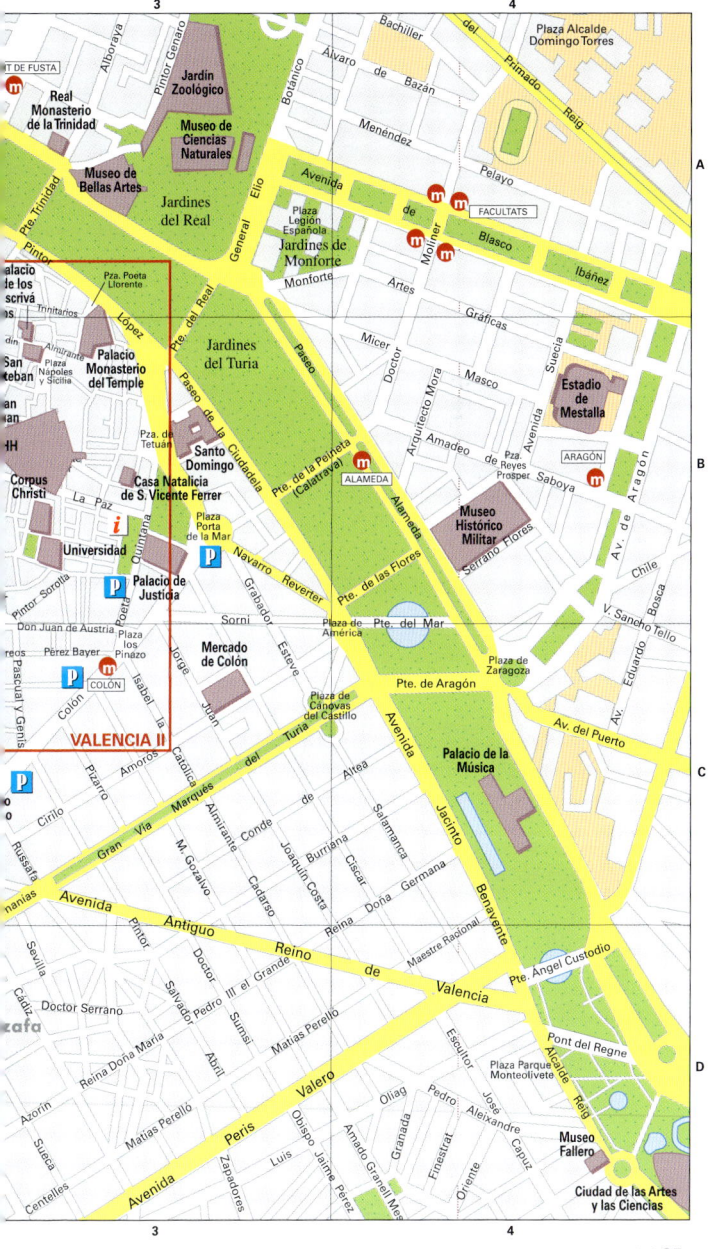

San Dionisio

Plaza Vicente Ibora

Sta. Cristina

Calle Baja

Calle Alta

Pl. Músico López Chavarri

Museo L'iber

Pl. Conde Bunol

Mare Vella

Obispo J.

Los Borja

Palacio de la Batlia

Palacio de Scala

Plaza Manises

Convent

Galeria del Tossal

C a l l e

San Nicolás

Caballeros

Palacio Generalitat

Bai

A

Q u a r t

Rey Don Jaime

Plaza Tossal

Pl. Marqués de Buslanos

Pl. San Nicolás

Pl. Correo Viejo

Alvarez

Plaza Negrito

Juristas

Cochins

Ve

Conquista

Pl.Horno S. Nicolás

En Roca

Marsella

Valencians

Calatrava

Catalans

Pavesos

Junta Ciuta Vella

Moro Zeit

Bolsería

Cadirers

Belén

Purísima

Corregeria

Subida de

Tole

Monjas

Danzas

Pal. de los Bou

Murillo

Carda

Danzas

Taula de Cavins

Plaza Compañía

Cenia

Ibáñez

Corregeria

Valeriola

Avda.

Cordellas

Lonja

Tunidores

Numancia

Tapinería

Giner

Centro de Arte Contemporáneo

Exarchs

Santa Teresa

Calle

Botellas

Estañería

Pl. Dr. Collado

Zabatería

Veronica

B e l l u g a

Santos Juanes

Lonja

Ercilla

Derechos

Pl. L. de Vega

Santa Catalina

Sombrerer

B

Plaza Don Juan de Villarrasa

Plaza Ciudad de Brujas

Maria

Mantas

Trench

Plaza Redonda

Carniceros

Pie de la Cruz

Rejas

Mercado Central

Cerrajeros

Centro Octubre

Johfens

B a l m e s

Viana

Triador

Palafox

Cristina

San Fernando

Vi

Guillem Sorolla

M. Aguilar

Calabazas

Liñán

Ga

Bany

Maldonado

Beata

B a r ó n

En Gil

Mallorquins

Popul

Cedaceros

Ripalda

Tormo

Vinatea

Rafol

Madrina

Llombart

Aluders

Ribalta

Moratín St

C

Ibar

Roger de Flor

Actor Rivelles

Adresadors

Hiedra

Linterna

Barcelo

Hospital

F. Cabrerizo

Escolano

Maestro Clave

Rumbau

Cotanda

Ateneo Mercan

Calle del Hospital

Les

Músico

Garrigues

En Llop

Sotelo

Colegio Arte Mayor de la Seda

En Sanz

Sangre

Plaza Ajuntame

D

Biblioteca Pública Provincial

Cárcer

Fraile

Ayuntamiento

Museo Valenciano de la Ilustración y la Modernidad

Requena

Padilla

Museo Histórico Municipal

Quevedo

de Gracia

Selma

Periodista

Azzati

Marqués de

Guillem de Castro

Huesca

San Agustín

Plaza San Agustín

Arzobispo

Calle Almas

Baldovi

Convento S. Fco.

Marques de

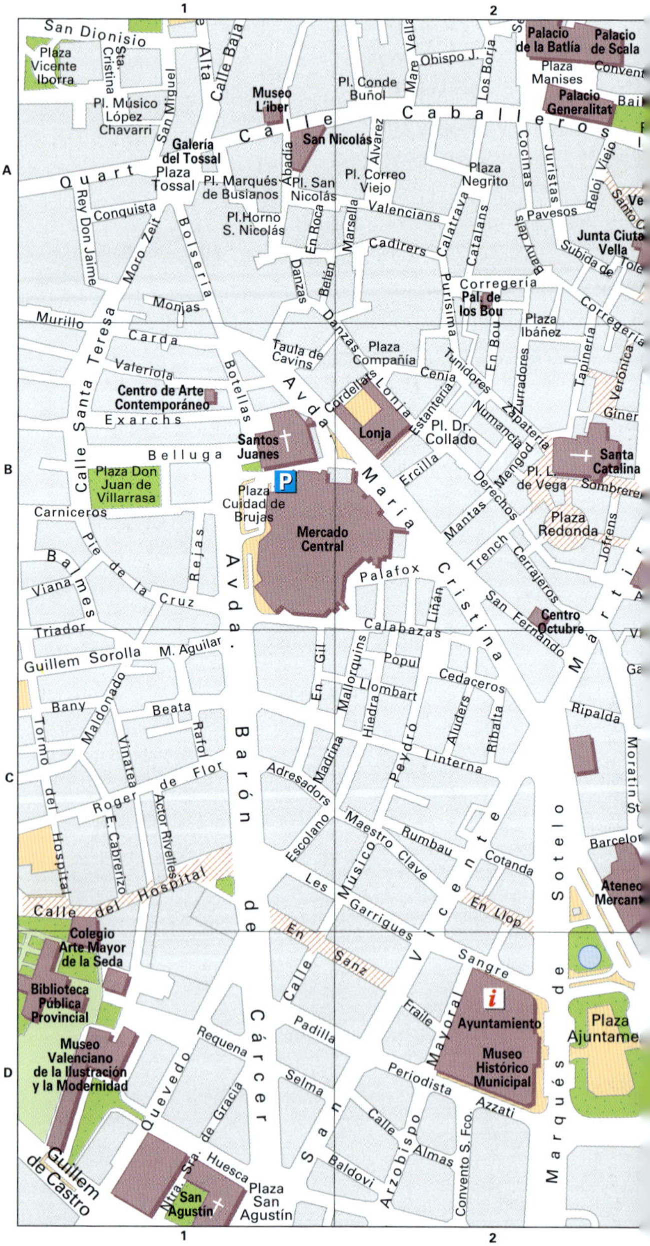

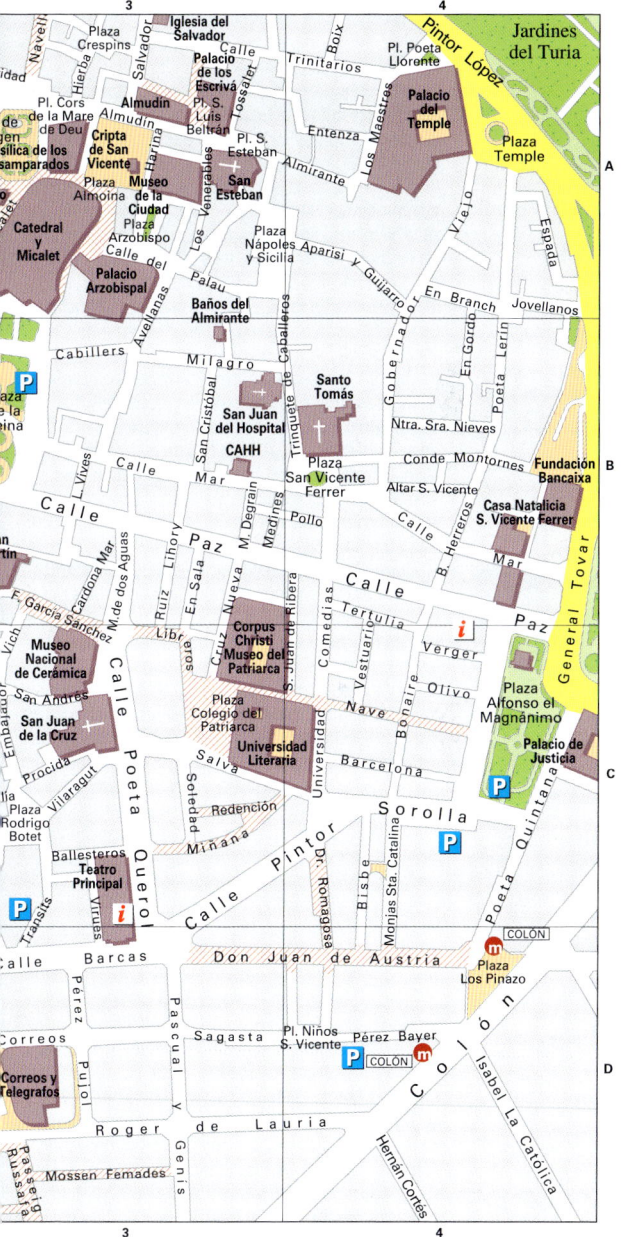

⏱ II, D2
Ayuntamiento
✉ Pza. Ayuntamiento, 1.
☎ 963 525 478.
⏱ Lunes a viernes: 9 h-14 h.
💾 Gratuita (previa reserva).
🚌 6, 8, 11, 14, 32, 35, 70, 81, C1.
🚇 L3, L5, L9.
🌐 www.valencia.es

Refugio antiaéreo
✉ Arzobispo Mayoral, 1 (acceso
por la Sala de Exposiciones
del Ayuntamiento).
☎ 962 081 390.
⏱ Martes a sábado: 10 h-14 h
y 15 h- 19 h. Domingo y
festivos: solo por la mañana.
Lunes cerrado.
💾 Gratuita.

▲ Torre del reloj
del Ayuntamiento.

VALENCIA MONUMENTAL

| PLAZA DEL AYUNTAMIENTO ✱

Es justo considerar que la plaza del Ayuntamiento es el auténtico centro neurálgico de la ciudad y, por eso, la hemos escogido como punto de partida de nuestro itinerario. Es la plaza de mayores dimensiones de Valencia y se accede a ella desde la acera de enfrente de la Estación del Norte, por la calle Marqués de Sotelo. Aquí se planta una de las fallas más importantes, la única fuera de concurso, y es el lugar desde donde del 1 de marzo y hasta el día de la *cremà*, el 19, se dispara todos los días a las 14 h la famosa *mascletà*. Está perfectamente comunicada y siempre muy animada. De día, le dan color sus puestos de flores; de noche, las luces de la fuente central, que cambian del rosa al amarillo, del malva al rojo, en un llamativo espectáculo visual. De trazado triangular, y algo irregular, su diseño actual debe fecharse a principios del siglo XX, aunque ya en tiempos de los árabes tuvo su importancia: se cree que aquí mismo estuvo emplazado el palacio del rey árabe Abu Zayt. Cierto o no, nada queda de él.

Comencemos la visita por el edificio del **Ayuntamiento,** rematado por un reloj que desde las ocho de la mañana y hasta las doce de la noche hace sonar los cuartos. Esta imponente construcción ocupa una manzana de 6.000 m^2 y se integra, en parte, en las antiguas Escuelas del Arzobispo Mayoral "Casa de la Enseñanza", del siglo XVIII. La fachada principal data, sin embargo, de principios del XX, obra de los arquitectos Francisco de Mora y Berenguer y Carlos Carbonell Pañella. Al edificio se entra a través de una gran portada, enmarcada entre columnas, sobre la que destaca un balcón que cobra protagonismo dos veces al año: en Fallas (es tribuna presidencial en las *mascletaes*) y el 9 de octubre, cuando la *senyera,* la bandera de la ciudad y del antiguo Reino de Valencia, desciende por él sin inclinarse un palmo, como mandan los cánones. En las balconadas se puede apreciar un arco con dos altorrelieves a cada lado, atribuidos a Mariano Benlliure, ilustre hijo de la ciudad, de quien es obra el conjunto formado por escudo y figuras que se encuentra en la misma fachada en el cuerpo superior. Justo sobre él, cuatro esculturas simbolizan cuatro virtudes, la Prudencia, la Justicia, la Fortaleza y la Templanza. Una vez localizadas, conviene fijar la vista en las torres del edificio: en la del centro, también llamada del reloj, y sobre todo en las de los extremos, cubiertas con tejas de cerámica de reflejos dorados.

Del interior del Ayuntamiento cabe destacar la escalera neoclásica de mármol blanco, el Salón de Cristal –antiguo salón de baile– con sus lámparas y espejos, el Salón de Sesiones, y el balcón desde donde la fallera mayor y las autoridades contemplan la *mascletà* y la *cremà (*además de regalarnos las mejores vistas de la plaza)..., el **Museo Histórico Municipal,** en la planta superior, reformado en 2023, con un nuevo acceso desde el Salón de Cristal. Sus tesoros no son desdeñables, aquí se guarda con celo el pasado más glorioso de Valencia: la *Senyera,* la espada de Jaime I y el Pendón de la Reconquista, símbolo de cuando la ciudad fue arrebatada a los árabes. El museo acoge, además, una tabla flamenca del siglo xv que representa el Juicio Final, lienzos de Serinyena y Sorolla entre otros autores, códices medievales originales (*El Llibre dels Furs* y *El Consulat del Mar*) y valiosos incunables, como la *Gramática* de Nebrija.

Se puede visitar el **refugio antiaéreo** localizado en el patio interior del Ayuntamiento. Un audiovisual y diversos paneles explican su función y características, y lo sitúan en un contexto histórico que obligó a construir más de 300 refugios en la ciudad.

La plaza la completan el **Ateneo Mercantil,** frente al Ayuntamiento, la sede de **Correos y Telégrafos,** clasicista por fuera, moderna por dentro (acoge una peculiar figura de hierro y cristal, con todos los escudos de las regiones de España, obra del valenciano Miguel Ángel Navarro), y el **edificio Rialto,** erigido sobre el solar de un antiguo cine, con una fachada *decó* en hierro y cristal, que acoge un teatro y es la sede de la Filmoteca de la Generalitat Valenciana. Podemos asomarnos al edificio de Correos para admirar de un vistazo rápido el vestíbulo y la bella cúpula. Además desde una de sus ventanillas Hemingway envió a su editor en 1925 el manuscrito de su primera novela importante: *Fiesta.*

❘ MERCADO CENTRAL ★★

Ya hemos dicho que la plaza del Ayuntamiento es un triángulo. Pues bien, para llegar a nuestro siguiente destino basta con abandonarla por su parte más estrecha, cruzar la concurridísima calle de San Vicente Mártir y seguir por la avenida de María Cristina. Hay que recorrerla de punta a punta (no es muy larga), dejando a la izquierda la plaza de la Merced y sus aledaños, salpicados de pequeñas tiendas de artículos artesanos, hasta llegar a la plaza del Mercado. El Mercado Central es un hervidero de gente desde primeras horas de la mañana, aunque alcanza su punto álgido de animación a mediodía. Hortalizas, frutas y pescado dan aroma y sabor al que es, posiblemente,

II, D2
Museo Histórico Municipal
Pza. Ayuntamiento, 1.
963 081 181.
Gratuita.
Lunes a viernes: 9 h-14 h.

II, C2
Ateneo Mercantil
Plaza del Ayuntamiento, 18.
963 520 488.
Todos los días: 9 h a 22 h.
6, 8, 9, 10, 11, 13, 19, 32, 62, 67, 70, 71, 72, 73, 81.
L3, L5, L9.
www.ateneovalencia.es

II, D3
Correos y Telégrafos
Plaza del Ayuntamiento, 24.

Edificio Rialto
Plaza del Ayuntamiento, 17.

▲ Edificio de Correos y Telégrafos.

II, B1-2
Mercado Central
Plaza Ciudad de Brujas, s/n.
963 829 100.
Lunes a sábado: 7.30 h-15 h.
4, 7, 11, 27, 31, 32, 60, 62, 70.
www.mercadocentral valencia.es

▲ A la izda., interior del Mercado Central. Sobre estas líneas, vista de la *Cotorra del Mercat*.

el mercado modernista más bello de Europa y el más grande. Sus dimensiones (algo más de 8.000 m^2 de superficie donde se distribuyen más de 300 puestos) son directamente proporcionales a su valor arquitectónico: vidrieras de colores, hierro, ladrillo, piedra de Buñol, azulejos y mármol que dan al conjunto una total solemnidad.

Desde el exterior es fácil atisbar la *Cotorra del Mercat,* una veleta que simboliza el bullicio reinante y sirve para coronar la espectacular cúpula central de 30 m de altura profusamente decorada con cerámicas cien por cien valencianas (limones y naranjas sobre todo). El mercado fue construido por los arquitectos Alejandro Soler y Francisco Guardia entre 1915 y 1928 donde antes se alzaba el Mercado Nuevo, en un solar perteneciente al convento de las Magdalenas. La función mercantil del espacio no es casual. Durante el dominio árabe, las callejuelas con mayor actividad comercial desembocaban aquí, en esta plaza donde lo mismo se ahorcaba a malhechores que se organizaban fiestas. Hoy el Mercado, totalmente restaurado, también entiende de fiestas: alguna vez algún concierto sin previo aviso ha sorprendido a los clientes.

❙ LONJA DE MERCADERES Y CONSULADO DEL MAR **✸✸**

Frente al mercado, el monumento gótico civil más importante de Valencia, la **Lonja de Mercaderes,** también llamada **de la Seda,** por ser este producto protagonista de las transacciones que aquí se realizaban. Fue construida en su mayor parte entre 1482 y 1492 por el maestro cantero Pere Compte y declarada Patrimonio de la Humanidad por la UNESCO en 1996. Es el mejor exponente del Siglo de Oro valenciano (siglo xv). Merece la pena fijarse bien en la fachada, de estilo gótico-flamígero, con una portada abocinada cuyo tímpano está presidido por

• • • • • • •
🕐 II, B2
**Lonja de Mercaderes
(Llotja de Mercaders)**
✉ Plaza del Mercado, s/n.
☎ 96 208 41 53.
🕐 Lunes a sábado: 10 h-19 h. Domingo y festivos: 10 h-14 h.
💶 2 €.
🚌 4, 7, 27, 73, 81, C1.

la imagen de la Virgen con Niño. Especial atención a las figuras de las gárgolas, realizadas con la técnica del trépano: brujas, monstruos y algún que otro sátiro en actitud nada decorosa dan la bienvenida y recalcan el carácter de gótico civil –no religioso– del edificio. Nada más cruzar la puerta, la **sala de Contratación** nos hace retroceder a un tiempo en el que se realizaban subastas y se cerraban tratos comerciales y toda suerte de negocios desde mesas de madera robusta que ocupaban antiguamente su espacio, bajo 24 columnas helicoidales que sostienen el edificio, rematado por una bóveda ojival de 17,40 m de altura. Ocho de las columnas se abren en palma al llegar a la bóveda, mientras que el resto, 16 en total, sirven de contrafuertes. Parece un bosque, rematado por una inscripción que aconseja a sus moradores "ser honestos".

El salón columnario deja paso, a la izquierda, a un jardincillo, conocido como el patio de los Naranjos, cercado por un muro con almenas desde donde se aprecian unas fantasmagóricas gárgolas. Al fondo, una escalera gótica conduce al recién salón del **Consulado del Mar** (Consolat de la Mar), en sus tiempos Tribunal Mercantil, donde encontrarás la **Cámara Dorada** cuyo artesonado es digno de admirar.

El torreón cuadrado que une La Lonja y el Consulado del Mar se divide en dos plantas, unidas por una escalera de caracol. El piso superior servía para retener a los comerciantes que no podían pagar sus deudas; el inferior, para rezar ya que se trata de una capilla. Estas dependencias tampoco pueden ser visitadas y solo se abren con motivo de actos públicos de envergadura. En ella se han casado reyes, se han celebrado fiestas de todo tipo y condición y hasta se han engrasado armas, cuando fue cuartel militar en el siglo XVIII.

Oficinas de Turismo de Valencia
- ⌖ Plaza del Ayuntamiento, 1.
- ☎ 963 524 908.
- ☎ 963 986 422.
- ✉ Paseo de Neptuno, (junto al Hotel Las Arenas)
- ☎ 628 789 837.
- ✉ Estación del AVE Joaquín Sorolla.
- ☎ 963 803 623.
- ✉ Aeropuerto de Manises (llegadas).
- ☎ 961 530 229
- 🖥 www.visitvalencia.com

▼ Bóveda de la sala de Contratación de la Lonja de Mercaderes. Abajo, detalle del artesonado de la Cámara Dorada del Consulado del Mar.

▲ Iglesia de los Santos Juanes.

●●●●●●●●

⊙ II, A1
Iglesia de San Nicolás de Bari y San Pedro Mártir
✉ Caballeros, 35.
☎ 963 913 317.
⊙ Martes a sábado: 10.30 h-19 h. Domingo: 13 h-19 h. Los lunes solo se abre al culto.
🖥 11 €.
🚌 6, 11, 16, 26, 28, 80, 94, 95, C1.
🚋 L3, L4, L5.
🖱 www.sannicolasvalencia.com

▲ La bóveda de la iglesia de San Nicolás se divide en 12 lunetos.

❚ IGLESIA DE LOS SANTOS JUANES

La plaza del Mercado cuenta aún con un último monumento, la iglesia de los Santos Juanes, construida sobre los restos de una mezquita a mediados del siglo XIII. Un incendio acaecido en 1552 obligó a una profunda reestructuración del edificio, al que fueron añadidos los detalles barrocos que hoy llaman la atención con más fuerza. La fachada principal, frente a la Lonja, incluye una torre en la que se sitúa una escultura en piedra de la Virgen del Rosario rodeada de ángeles, obra de Bertessi.

A su lado, dos grandes estatuas que representan a dos valencianos universales, san Francisco de Borja y san Luis Beltrán. En el interior destacan los frescos de Antonio Palomino sobre el Apocalipsis de San Juan. Pero ni su belleza exterior ni el valor de sus pinturas son los únicos alicientes del templo. En el exterior los turistas buscan siempre la tribuna que fue escenario de ejecuciones durante la Santa Inquisición.

❚ IGLESIA DE SAN NICOLÁS DE BARI Y SAN PEDRO MÁRTIR ✳

Abandonamos la plaza del Mercado por la calle de la Bolsería para salir a la plaza del Tossal, clásico punto de reunión del barrio del Carmen, para continuar, a mano derecha, por la calle Caballeros, llamada así porque era donde los hidalgos fijaban su residencia. Es posible apreciar algún que otro palacio gótico particular, herencia de su pasado burgués (en el número 9, **palacio de Fuente Hermosa**; en el número 22, **palacio de Malferit**). Hoy es la arteria principal del barrio del Carmen, sobre todo al caer la noche, cuando sus bares se llenan de noctámbulos.

Hay que tener cuidado para no pasar de largo ante la puerta de acceso a la iglesia de San Nicolás que asoma a esta calle, puesto que se trata de una entrada secundaria. La principal se encuentra en la plaza de San Nicolás. Data del siglo XIV y bajo su armazón gótico encierra detalles barrocos, ya que fue reformada durante el siglo XVIII.

Su interior es una impresionante pinacoteca terminada de restaurar a principios de 2016. A los frescos de las bóvedas, pintados por Dionisio Vidal (discípulo de Antonio Palomino), hay que añadir valiosas muestras de orfebrería y azulejos así como obras de Juan de Juanes, Rodrigo de Osona, Vicente López y otros artistas valencianos. Desde su restauración se llama la "Capilla Sixtina Valenciana", y no es para menos, ya que los frescos restaurados ocupan 2.000 m² e hicieron falta 41.000 horas de trabajo de un centenar de profesionales para dicha restauración.

Si la visita al templo coincide en lunes, quizás pueda ver a alguna joven cumpliendo con una antigua tradición. Hace años, las mujeres casaderas acudían a la iglesia el primer día de la semana por la mañana y entraban y salían de ella hasta siete veces por diferentes puertas rezando y encendiendo velas para pedir novio al santo.

Saliendo por la puerta de atrás del templo de San Nicolás, justo enfrente, a la izquierda de la calle Caballeros, bajando por Landerer, se encuentra el **Portal de la Valldigna,** única puerta que se conserva de la primitiva muralla árabe y que fue abierta por los cristianos en 1440 como acceso a la morería. Como curiosidad señalar que al lado del Portal estuvo la considerada primera imprenta de España, imprimiendo en 1474 el libro *Trobes en Llaors de la Verge Maria.*

I PALACIO DE LA GENERALITAT ✳

Proseguimos por la calle Caballeros hasta alcanzar la plaza de Manises, presidida por el Palacio de la Generalitat, sede de la Presidencia del Gobierno Autónomo de la Comunidad Valenciana y uno de los pocos edificios de origen medieval en Europa que se mantiene como sede del gobierno y de la institución que lo construyó. El palacio es un claro ejemplo del gótico civil tardío como se puede observar en su distribución y en los elementos bajos de sus fachadas; con posterior ampliación renacentista.

Comenzó a construirse en el siglo xv con el fin de albergar a la comisión permanente de las Cortes del Reino, pero no fue terminado hasta prácticamente nuestros días. De hecho, el torreón que primero se divisa desde la calle Caballeros se concluyó bien entrado el siglo xx. El edificio consta, además, de un cuerpo central y un torreón antiguo que va a dar justo a la plaza de la Virgen. Fue declarado Monumento Nacional.

Merece la pena entrar para ver el patio gótico, con un grupo escultórico obra de Benlliure, la escalera del mismo estilo que da acceso a la planta principal, y sobre todo, los artesonados mudéjares del techo del salón Dorado, en el torreón más antiguo, y los del salón de las Cortes, donde además destacan las pinturas de Juan Sarinyena. A lo largo de las distintas dependencias es fácil reconocer otros lienzos de gran valor, firmados por Sorolla y Ribalta.

En la misma plaza de Manises también tiene su sede la Diputación Provincial, cuyas dependencias ocupan el **palacio de Batlia** y el del **Marqués de Scala Santa Catalina,** dos edificios gótico-renacentistas con espléndidos patios, artesonados y ventanas.

II, B1
Iglesia de los Santos Juanes
✉ Plaza del Mercado, s/n.
☎ 963 916 354.

I, A2
Portal de la Valldigna
✉ Portal Valldigna.
🚌 4, 6, 31, 73, C1.

II, A2
**Palacio de la Generalitat
(Palau de la Generalitat)**
✉ Caballeros, 2.
☎ 963 424 636.
🕐 Lunes a viernes: 9 h-14 h (previa reserva protocolo. visitaspalau@gva.es).
🚌 6, 11, 16, 26, 28, 94, 95, C1.
💻 www.gva.es

Palacio de Batlía
✉ Plaza de Manises, 4.

**Palacio dl Marqués de
Scala Santa Catalina**
✉ Plaza de Manises, 3.

▲ El Portal de la Valldigna fue abierto en la muralla árabe dando acceso a la morería.

▲ Plaza de la Virgen, con la fuente del Río Turia y la catedral al fondo.

• • • • • • • •

🕐 II, A3
Plaza de la Virgen

• • • • • • • •

🕐 II, A3
Real Basílica de Nuestra Señora de los Desamparados
✉ Plaza de la Virgen, 6.
📞 963 919 214.
🕐 Todos los días: 7 h-14 h y 16.30 h-21 h.
🎫 Gratuita.
🚌 4, 9, 19, C2, 81, 94, C1.
🌐 www.basilica desamparados.org

▌PLAZA DE LA VIRGEN   ✱

También llamada de la Mare de Déu, es una de las plazas más bonitas y emblemáticas de la ciudad, junto a las de la Almoina y de la Reina.Centro de todo tipo de actividades, sus palomas acompañan a manifestantes, chavales en monopatín, turistas, vecinos... Es la plaza más concurrida y la elegida para celebrar multitud de actos. Es aquí, frente a la Real Basílica, donde se realiza la ofrenda floral a la Virgen durante las fiestas de San José, cuando la plaza se convierte por obra y gracias de los devotos en un jardín rebosante de color. La plaza está revestida por suelo de mármol y en él se puede leer una inscripción que recuerda que Valencia fue fundada por los romanos en el año 138 a.C. Su fuente central es un particular homenaje de la ciudad de Valencia al río Turia y sus acequias, representados por un gigante con un cuerno de la abundancia en sus manos y ocho valencianas con cántaros de agua.

▌REAL BASÍLICA DE NUESTRA SEÑORA DE LOS DESAMPARADOS

Auténtica devoción es la que sienten los valencianos por su patrona, lo que convierte la Real Basílica, en la misma plaza de la Virgen, en uno de los principales lugares de culto de la ciudad. La imagen de la Virgen se encuentra en el interior, es de estilo gótico y responde al apelativo de *la cheposilla,* ya que tiene la cabeza ligeramente inclinada hacia delante. En Fallas, después de la ofrenda floral, un grupo de hábiles montañeros fabrican su manto con los ramilletes aportados por los valencianos, colocándolos sobre una urdimbre de madera de 14 m de altura.

    La Basílica fue construida en el siglo XVII sobre restos romanos, visigodos e incluso sobre vestigios de una mezquita árabe. Llama la atención su cúpula de planta oval, pintada al fresco por Antonio Palomino, y el camarín que se esconde tras el Altar Mayor, que no es otra cosa que un oratorio barroco.

Alberga el **museo** dedicado a la Patrona de Valencia, el cual está ubicado en la zona superior de las tribunas abierta al óvalo del templo que, a su vez, comunicada con la Catedral por el llamado arco Novo que sirve de tránsito. Ya en el exterior, un arco renacentista (por el que solo transita la curia episcopal) une la basílica con la catedral.

▮ CATEDRAL ✶✶

En la plaza de la Virgen podemos ver ya una de sus puertas de acceso. Junto a la plaza de la Almoina, concretamente la puerta de los Apóstoles, además del famoso Miguelete. Pero conviene hacer las cosas bien y bajar por la callecita del Micalet que desemboca en la plaza de la Reina, donde se encuentra la puerta principal de la catedral. Está situada justo en el solar donde se levantó el primer templo de la ciudad, construido por los romanos y dedicado a la diosa Diana. Su construcción duró 150 años (de 1262 a 1426), pero el trabajo no se dio por finalizado, ya que se vio afectada por numerosas ampliaciones y reformas posteriores. De ahí la interesante superposición de estilos a partir del gótico primitivo. Así, la puerta principal, llamada **puerta de los Hierros,** es barroca. Data del siglo XVIII y fue diseñada por el alemán Konrad Rudolf, seguidor de la estética de Bernini, en formas cóncavas y convexas que proporcionan sensación de movimiento. En la fachada destacan el frontón y el grupo de ángeles adorando el nombre de María, justo encima del arco.

La catedral cuenta con otras dos puertas más. A la plaza de la Almoina, a la derecha, da la **puerta del Palau,** la más antigua de las tres, de estilo románico con pespuntes mudéjares y seis arquivoltas adornadas con ángeles y motivos vegetales. En la plaza de la Almonia se pueden ver también, bajo una lámina de cristal cubierta de agua, restos arqueológicos de la época fundacional de la ciudad, entre ellos las **termas romanas.** El proyecto se completa con un museo anexo por el que se puede continuar el recorrido por el pasado. Y es que en este lugar fue donde los romanos fundaron la *civitas Valentia Edetanorum,* en el año 138 a.C.

A la plaza de la Virgen, a la izquierda, da la **puerta de los Apóstoles** de la catedral, gótica, atribuida al artista Nicolás de Autun. En ella, los arcos ojivales se sostienen por pilares donde se cobijan las figuras de los Apóstoles. Sobre ellos, un gigantesco rosetón

⬤ II, A3
Museo mariano
✉ Plaza Reina, 6 (entrada por la plaza de la Almoina).
☎ 963 919 214/Ext. 4.
🕑 Lunes a sábado, 10 h-14 h. Agosto cerrado.
🎟 4 €.
🌐 www.basilica desamparados.org

⬤ II, A3
Catedral
✉ Plaza de la Almoina, s/n.
☎ 963 918 127.
🕑 Invierno: lunes a viernes, de 10.30 h-18.30 h. Sábado: 10.30 h-17.30 h. Domingo: 14 h-17.30 h. Verano: lunes a sábado, de 10.30 h-18.30 h. Domingo: 14 h-18.30 h.
🎟 9 €.
🚌 4, 9, 19, 81, 94, C1, C2.
🌐 www.catedraldevalencia.es

▲ Puerta de los Apóstoles.

▲ Interior del cimborrio de la catedral.

● ● ● ● ● ● ● ● ●

🕐 II, A2-3
Tribunal de las Aguas
✉ Plaza Crespins, 1.
🕐 Los jueves a las 12 h.
🏠 https://tribunaldelasaguas.org

con la estrella de David, en seis puntas. Esta puerta, a pesar de no ser la principal, es la más popular ya que cada jueves acoge una tradición que se viene celebrando en Valencia desde hace más de 1.000 años: el **Tribunal de las Aguas.**

Adentrémonos ahora en el interior de la catedral. Entrando por la puerta de los Hierros, a mano derecha, nos encontramos con la **capilla de San Pedro,** con pinturas de Palomino, y a su lado la **capilla del Santo Cáliz,** donde se guarda con devoción el auténtico, dicen, Santo Grial empleado por Jesucristo durante la Última Cena. Se trata de un vaso de ágata de aires orientales. Una joya dentro de otra joya: la capilla es gótica, con una bóveda de crucería nervada y un frontón en piedra de alabastro digno de ver.

Continuamos la visita para fijar la vista ahora en el **cimborrio,** obra maestra del gótico mediterráneo, asentado sobre el crucero, de planta octogonal y 16 ventanas que iluminan el interior del templo y, sobre todo, el presbiterio barroco, el púlpito gótico y el altar mayor, donde destacan las tablas pintadas por Yáñez de Almedia y Hernando de Llanos en el

Justicia pluvial

Suenan las doce y cientos de curiosos se arremolinan en torno a la puerta de los Apóstoles. *"Denunciatas de la sequia de Quart".* Habla el alguacil, y ocho hombres vestidos con el tradicional blusón negro huertano escuchan atentamente... Todos los jueves la catedral es testigo de los pleitos orales que tienen lugar durante las sesiones del Tribunal de las Aguas, órgano jurisdiccional (el más antiguo de Europa) que vela por su correcto reparto. Desde hace más de 1.000 años se sigue a pies juntillas esta tradición que se remonta a la época del dominio árabe. Los juicios comienzan a mediodía cuando ocho labradores, representantes de las ocho acequias valencianas (Pavara, Rovella, Benager Faitanar, Mestalla, Mislata, Rascanya, Tormos y Quart), toman asiento mientras un alguacil pasa lista para saber si hay alguna queja sobre el uso inadecuado de las aguas que riegan la huerta. Si las hay, el denunciado también tiene que hacer acto de presencia. Este puede ser un empleado de la acequia, alguno de los otros representantes o simplemente una persona ajena a este tinglado que haya realizado alguna fechoría. Normalmente, las denuncias tienen que ver con pequeños hurtos de agua, rotura de canales o falta de limpieza en las acequias. El litigio se resuelve siempre mediante juicio oral íntegramente en valenciano (nunca se firma nada), ante el presidente y el alguacil, también llamado Guarda Mayor, encargado de dar el agua y levantar las compuertas. Los representantes de las acequias son elegidos democráticamente cada dos años por el resto de regantes. En caso de que no haya quejas, se levanta la sesión. Al finalizar los juicios, los representantes se marchan juntos a la Casa-Vestuario, enfrente de la puerta de los Apóstoles, para tratar asuntos comunes.

siglo XVI y que hacen referencia a la vida de la Virgen. Pero la Catedral de Valencia vive una segunda juventud, gracias a los arduos trabajos de recuperación de los frescos renacentistas de su **Capilla Mayor,** ocultos desde que en 1674 se produjo la reforma barroca del presbiterio del templo. Fueron encargados por don Rodrigo de Borja, futuro Papa Alejandro VI, que seguramente quedó tan impresionado por sus preciosos ángeles como el público que acude hoy en día a ver esta obra de arte, tantos siglos escondida. Son obra de Paolo da San Leocadio y Francesco Pagano da Neapoli. El tesoro pictórico del templo se completa con dos lienzos de Goya situados en la capilla de San Francisco de Borja. Desde la capilla del Santo Cáliz es posible acceder al **museo de la catedral,** donde se guardan obras de Juan de Juanes, Vicente Masip, Orrente… además de la Gran Custodia Procesional. Tras la rehabilitación finalizada en 2016 con el fin de poder ampliar la oferta expositiva, el museo expone alrededor de 200 obras de arte en tres plantas.

| EL *MIGUELETE* (EL *MICALET*) ******

La torre del *Micalet,* en castellano *Miguelete,* es el símbolo que más se identifica con Valencia dentro y fuera de España. El campanario gótico de la catedral, ubicado junto a la puerta de los Hierros, es de planta octogonal y se eleva hasta los 51 m de altura, medida que coincide con su perímetro. Debe su nombre a una de sus doce campanas, la que da las horas, la mayor, que fue bendecida, allá por 1418, un 29 de septiembre, festividad de San Miguel, si bien la que ahora se conserva es algo más moderna (de 1532). Aquí no hay ascensores que valgan. Quien quiera subir hasta arriba del todo para contemplar una fantástica panorámica de la ciudad, tiene que afrontar a pie los 207 peldaños de su complicada y estrecha escalera de caracol. En esta ocasión, el esfuerzo sí vale la pena.

| PALACIO DE BENICARLÓ O DE LOS BORJA

Recuperamos el pulso tras subir a lo más alto del *Miguelete,* volviendo sobre nuestros pasos por la callecita del Micalet hasta desembocar de nuevo en la plaza de la Virgen y aquí coger la calle Navellos. A la mitad, en el cruce con Franciscanos, hay que girar a la derecha. Enseguida veremos el palacio de Benicarló, también llamado de los Borja. El edificio, gótico con elementos renacentistas, data del siglo XV y fue residencia de los duques de Gandía. En el siglo XIX pasó a ser fábrica de hilaturas y hoy alberga la sede de las Cortes Valencianas.

▲ Campanario de la catedral, más conocido *Miguelete.*

● II, A3
El Miguelete (El *Micalet*)
✉ Catedral.
◷ Rodos los días, de
   10 h-18.45 h (último acceso
   30 min antes del cierre).
💺 2,50 €.
🌐 www.catedraldevalencia.es

● I, A3
**Palacio de Benicarló
(Cortes Valencianas)**
✉ Plaza de San Lorenzo, 4.
☎ 963 876 100.
◷ Lunes a viernes: 10 h-14 h.
   Martes a jueves: 16 h-18 h.
   Visita guiada previa cita.
💺 Gratuita.
🚌 6, 11, 16, 26, 28, 94, 95, C1.
🌐 www.cortsvalencianes.es

◔ I, A3
Almudín
✉ Pza. de Sant Lluís Bertran, 2.
☎ 963 525 478.
◷ Martes a domingo:
10 h-14 h y 15 h-19 h.
Domingo solo por la
mañana.
🎫 Gratuita.
🚌 4, 6, 31, C1.

◔ II, A3
Iglesia de san Esteban
✉ Plaza de San Esteban, 2.
☎ 963 918 276.
◷ Contactar con el Despacho
Parroquial para la visita.
🌐 https://sanesteban
protomartir.es

▲ El interior del Almudín
alberga pinturas murales
alusivas a la entrada de
trigo en la ciudad.

◔ II, A3
Museo de la Ciudad
✉ Pza. del Arzobispo, 3.
☎ 963 525 478.
◷ Martes a sábado: 10 h-19 h.
Domingo y festivos: 10 h-
14 h. Lunes cerrado.
Audiovisual: 10 h, 11.30 h,
13 h, 18 h y 19 h. Domingo:
10.30 h, 11.30 h, 12.30 h y
13.30 h.
🎫 2 €.
🚌 4, 6, 31.

▮ ALMUDÍN

Para llegar hasta el antiguo Almudín hay que situarse en la acera de enfrente del palacio de Benicarló y bajar por la calle de Salvador, que queda a mano derecha, en dirección a la plaza de la Almoina. En la plaza de Luis Beltrán se encuentra este edificio, construido en el siglo XIII y remodelado en el XVI que sirvió de almacén de grano a la ciudad. Las obras de restauración han permitido descubrir un pórtico de cantería, cegado durante siglos, pinturas populares de los siglo XVII y XVIII, almenas muchas de las cuales estaban tabicadas, y el pavimento original, anterior al siglo XVI. En la actualidad se utiliza como sala de exposiciones temporales gestionado por el Ayuntamiento de Valencia.

▮ IGLESIA DE SAN ESTEBAN

En la plaza de San Esteban, a solo unos pasos del Almudín y a espaldas del **palacio** gótico **de los Escrivá**, se encuentra el templo barroco dedicado a San Esteban, que pasa por ser una de las primeras construcciones religiosas llevadas a cabo tras la expulsión de los árabes y la conquista de la ciudad por Jaime I. La iglesia goza de un gran fervor popular, ya que guarda en su interior la pila bautismal de San Vicente Ferrer, patrón de la Comunidad Valenciana. Aún en nuestros días muchas familias eligen este lugar para bautizar a sus hijos, ya que la tradición dice que quien aquí recibe las aguas eludirá la muerte en accidente.

▮ MUSEO DE LA CIUDAD Y CRIPTA DE LA CÁRCEL DE SAN VICENTE MÁRTIR

Desde la plaza de San Esteban podemos acceder por una callecita a la plaza de Nápoles y Sicilia, donde hasta hace unos años se celebraba el rastro cada domingo por la mañana. Hoy tiene lugar entre la Av. Tarongers y Lluís Peixo. La plaza citada tiene uno de sus límites en la calle Palau donde enseguida se ve la plaza del Arzobispo, en la que se ubica el palacio Berbedel, también conocido como el Marqués del Campo (alcalde de Valencia que lo compró en el siglo XIX) que acoge el **Museo de la Ciudad.** El edificio de dos siglos de antigüedad cuenta, entre sus fondos, con restos arqueológicos romanos, visigóticos y musulmanes, documentos relacionados con la conquista de Valencia a manos de Jaime I y otros de relevancia histórica local. El museo acoge también exposiciones temporales de artistas valencianos y una permanente sobre la Valencia cristiana de los siglos XIII y XIV. En el mismo museo se pueden sacar las entradas para acceder a la **cripta de San Vicente,** justo al lado, una antigua capilla funeraria visigoda con planta de cruz.

PALACIO DEL ALMIRANTE ARAGÓN

En la misma calle Palau, este palacio, sede de la Conselleria de Economía y Hacienda, resulta de especial interés por conservar en su planta baja uno de los pocos restos arquitectónicos de la época musulmana. Se trata de unos **baños árabes,** situados en un callejón trasero y formados por una sala central cuadrada y varias estancias adyacentes con arcos de herradura y bóvedas con lucernas estrelladas. A fecha del cierre de esta guía (2024) se encuentra cerrado por obras para integrarse en la red de museos y salas de exposiciones de la Generalitat Valenciana.

CENTRO DE ARTE HORTENSIA HERRERO (CAHH)

Tras cinco años de restauración el antiguo Palacio de Valeriola abre sus puertas a finales de 2023 para reunir la colección privada de Hortensia Herrero: obras de más de 50 artistas contemporáneos de reconocido prestigio internacional como Andreas Gursky, Anselm Kiefer, Georg Baselitz, Anish Kapoor o Mat Collishaw, entre otros artistas.

SAN JUAN DEL HOSPITAL

Un extremo de la calle Palau, justo al lado de la plaza de Nápoles y Sicilia, conecta con la calle Trinquete de los Caballeros. Hay que bajarla en dirección a la plaza de San Vicente Ferrer para encontrarnos con la iglesia de San Juan del Hospital, la más antigua de las parroquias de la ciudad, de estilo gótico, construida en el siglo XIV por la Orden de los Caballeros de Malta, que recibieron los solares donde se ubica de manos de Jaime I como agradecimiento a la ayuda prestada durante la conquista de Valencia. Merece la pena visitarla por ver su ábside poligonal y la capilla de Santa Bárbara con un bello retablo barroco y un sepulcro donde se supone que descansa una emperatriz bizantina. Mención especial merecen las **pinturas murales** visibles en la capilla de San Miguel Arcángel y encuadradas en la época de transición del románico al gótico. Los frescos se mantuvieron ocultos bajo cal durante unos 700 años y, desde los siglos XVII-XVIII, tapados además por escayolas neoclásicas. San Juan del Hospital conserva un cementerio medieval anexo que contiene restos del circo romano de Valentia.

En la acera de enfrente, en la misma calle de Trinquete de los Caballeros, se encuentran prácticamente seguidos otros dos templos de interés, la **iglesia del Milagro** y la de **Santo Tomás,** construida en 1837 y declarada Monumento Histórico Nacional en 1982.

II, B3
Palacio del Almirante Aragón
Baños árabes
Baños del Almirante, 3-5.
618 222 438.
Martes a viernes: 10 h-18 h. Sábado: 10 h-14 h. Cerrado domingo por la tarde y lunes.
Gratuita.
4, 6, 8, 9, 11, 16, 26, 28, 31, 70, 71.

II, B3
Centro de Arte
Hortensia Herrero (CAHH)
Del Mar, 31.
689 303 010.
Martes a sábado: 10 h-20 h. Domingo: 10 h-14 h. Lunes cerrado.
10 €. Miércoles tarde: gratis.
4, 6, 8, 10, 11, 16, 26, 28, 31, 32, 70, 71, 81, C1.
www.cahh.es

II, B3
San Juan del Hospital
Trinquete de Caballeros, 5.
963 922 965.
Lunes a viernes: 6.45 h-7.45 h, 9.30 h-13.30 h, 17 h-21 h. Sábado: 9.30 h-13.30 h, 18 h-a 21 h. Domingo y festivos: 11 h-14 h y 17 h-21 h.
8 €.
4, 6, 11, 16, 26, 28, 31, 32, 70, 71, 81, 94, 95, C1.
https://sanjuandelhospital.es

▼ Pinturas murales
(San Juan del Hospital).

Universidad Literaria
(Universitat Literària)
✉ Nave, 2.
☎ 963 531 076.
◉ Visitas guiadas bajo reserva
(visites.guiades@uv.es).
🌐 www.uv.es

▲ Real Colegio del Corpus
Christi, conocido como
el Patriarca.

II, C3
Museo del Patriarca
✉ Nave, 1 (pta. de Conserjería).
☎ 963 514 176.
◉ Viernes: 10.30 h (con reserva).
🎟 5 €.
🌐 https://patriarcavalencia.es

UNIVERSIDAD LITERARIA　✳

Continuamos el camino atravesando la plaza de San Vicente Ferrer para seguir por la calle de las Comedias, cruzar la calle de la Paz y seguir recto hasta dar con la calle Nave. Entonces, basta con girar a la derecha para ver ya la Universidad Literaria de Valencia que hoy alberga entre otras instituciones, el rectorado de la Universidad de Valencia. Fue fundada en el año 1501 por el papa valenciano Alejandro VI, aunque el edificio principal fue construido en 1830, por lo que su estilo es neoclásico. La mayor parte de la obra primigenia quedó destruida durante la Guerra de la Independencia, de ahí la reconstrucción del conjunto. Resultan interesantes el paraninfo y la capilla, pero sin duda lo más llamativo es su claustro, también neoclásico, presidido por una estatua del humanista Juan Luis Vives, brillante alumno de esta misma universidad. La biblioteca cuenta con valiosos libros, códices e incunables, entre los que destacan la primera obra impresa en España (*Les trobes en lahors de la Verge Maria*), concretamente en Valencia, y la primera edición del relato de caballerías *Tirant lo Blanc.* En la actualidad, no se imparten clases en esta universidad cuyos espacios son ocupados por actos culturales y exposiciones que concentra el **Centro Cultural La Nau.**

EL PATRIARCA. REAL COLEGIO DEL CORPUS CHRISTI　✳

En la misma calle Nave, a escasos metros de la Universidad, brilla con luz propia el Real Colegio del Corpus Christi, comúnmente conocido como El Patriarca, ya que fue fundado por el patriarca de Antioquía, San Juan de Ribera, también virrey de Valencia. El conjunto lo componen el colegio y la iglesia, en forma de cruz latina, de una sola nave y con un altar mayor en el que se conserva un magnífico retablo de Ribalta cuyo motivo es *La Última Cena.* Mención especial merecen también los tapices flamencos de la capilla de la Comunión, restaurados en 2016, aunque su mayor tesoro hay que buscarlo en el exterior, en el claustro rectangular, dividido en dos plantas con arcos de medio punto y columnas de mármol importado de Italia. En el centro, una estatua de San Juan de Ribera, obra de Mariano Benlliure. Desde aquí se puede acceder a la capilla de la Purísima, que forma, junto a otras estancias adyacentes, el **Museo del Patriarca,** con obras de Juan de Juanes, el Greco (*Adoración de los pastores, Fray León meditando sobre la muerte* y *San Francisco*) y primitivos flamencos. Su visita permite recrearse con mayor comodidad en la contemplación de la valiosa colección pictórica.

I MUSEO NACIONAL DE CERÁMICA ★★

Desde la plaza del Patriarca, la calle Libreros nos conduce a la calle del Poeta Querol, donde se sitúan, uno al lado del otro, la **iglesia de San Juan de la Cruz,** con elegantes columnas en su puerta barroca, y el **Museo Nacional de Cerámica y Artes Suntuarias González Martí,** ubicado en el palacio del Marqués de Dos Aguas, de finales del siglo XV y remodelado en el XVIII. Es frecuente que los turistas se arremolinen en torno a su fachada de estilo barroco realizada por Ignacio Vergara en alabastro, traído de las canteras de Picassent, sobre planos del pintor valenciano Hipólito Rovira, con claras influencias italianas. Ignacio Vergara fue el artista más importante de la familia Vergara, formada por relevantes pintores y escultores valencianos. Los atlantes situados a cada lado de la puerta recuerdan, por su asombrosa fuerza, a los cuerpos desnudos que realizara Miguel Ángel. Son figuras que representan el título nobiliario de Dos Aguas en torno a los cuales se aprecian motivos vegetales y animales. Una hornacina con la Virgen del Rosario, sirenas, flores y frutos completan esta espectacular portada del edificio, declarado Monumento Histórico Artístico Nacional.

Su interior está en consonancia con el exterior. Nada más entrar nos recibe el patio de la Fuente, con figuras alegóricas en los balcones que hacen alusión a las Artes, la Agricultura, el Comercio, las Ciencias y las Letras, las Armas y la Navegación. La restauración del conjunto ha permitido recuperar gran parte del colorido que anima las figuras. El palacio fue residencia de la familia Rabassa de Perelló en sus orígenes, pero en 1695 pasó a pertenecer al marquesado de Dos Aguas. En 1934 quedó inaugurado el museo. La planta baja hace honor a su pasado. Fue, en sus tiempos, el patio de carruajes y para recordarlo ahí están estas tres joyas: la carroza de las Ninfas, la del Marqués de Llanera y una silla de mano del siglo XVIII. En las siguientes dependencias es posible revivir el ambiente palaciego más puro a través de la sala de la Lumbrera, el comedor, el salón Chino (con muebles lacados en negro con pinturas orientales), el *fumoir* (salón de Juegos), el tocador de lujo, la salita de porcelana... En la tercera planta, las colecciones de azulejos de los siglos XVIII y XIX y las colecciones de cerámica (de Manises, Talavera, Sevilla...) comparten espacio con una recreación perfecta de la típica cocina valenciana.

🕐 II, C3
Museo Nacional de Cerámica
✉️ Poeta Querol, 2.
☎ 963 516 392.
🕐 Martes a sábado: 10 h-14 h y 16 h-20 h. Domingo y festivos: hasta las 14 h. Lunes cerrado.
💶 3 €.
🚌 4, 6, 10, 11, 31, 32, 70, 71, 81.
🚇 L3, L5.
🌐 www.culturaydeporte.gob.es/mnceramica

▲ Fachada del Museo Nacional de Cerámica.

• • • • • • •

🕐 II, B2-3
Iglesia de San Martín Obispo
✉ San Vicente Mártir, 11.
☎ 963 522 952.
🔗 https://sanmartinvalencia.
es

• • • • • • • •

🕐 II, B2
Plaza redonda
✉ Confluencia Calles
Pescadería, Vallanca
y Síndico.

I IGLESIA DE SAN MARTÍN OBISPO

La calle Libreros transcurre junto al Museo Nacional de Cerámica. En el número 2 nos encontramos con el **palacio de los Señores de Bétera,** actual sede de la Bolsa. Hay que seguir la calle hasta F. García Sánchez para llegar a la **Real Parroquia de San Martín Obispo y San Antonio Abad de Valencia,** gótica por fuera, barroca por dentro, en cuya fachada destaca el conjunto flamenco en el que se ve al santo entregando su capa a un pobre. Con la restauración que sufrió en 2010, se ha logrado realzar la riqueza ornamental de los dorados en su interior.

I PLAZA REDONDA E IGLESIA DE SANTA CATALINA ✳

Cruzamos ahora la calle de San Vicente Mártir para tomar una minúscula calle que va a dar a la **Plaza Redonda,** proyectada por Salvador Escrig y construida entre 1839 y 1856. Un curioso rincón que sigue siendo entrañable y pintoresco, a pesar de la polémica reforma que alteró por completo la fisionomía de la plaza en 2012 con una reforma demasiado agresiva que la ha dotado de un aspecto mucho más moderno, pero ciertamente despojándola de una parte importante de su identidad. Contaba con un gran número de puestos que parecían salidos de otros tiempos, de venta de lencería, telas, complementos para falleras... que tras la reforma quedaron convertidos en puestos de aspecto mucho más convencional, sin tanto encanto y que hoy en día conviven con los numerosos puestos de venta de *souvenirs* y regalos.

La plaza también es conocida como El Clot (El Hoyo), porque es lo que parece a vista de pájaro, de ahí el nombre de algunas tiendas y bares que la circundan. Los domingos, en sus inmediaciones, sigue teniendo lugar un curioso mercado, donde se venden sellos, antigüedades y monedas.

Justo al lado se abre la plaza de Lope de Vega, donde se sitúa la **iglesia de Santa Catalina** en la que destaca su esbelta torre-campanario, del siglo XVII y novia del Miguelete en la cultura popular valenciana. A sus pies se encuentra la horchatería más famosa de la ciudad: Santa Catalina. Durante muchos años tuvo la competencia de El Siglo, establecimiento histórico de 1840, situada justo enfrente, pero que cerró sus puertas en 2017.

❚ PALACIO DE LOS BOU

Cerca de la iglesia de Santa Catalina, en el número 11 de la calle Bou, abre sus puertas un palacio erigido a finales del siglo XV sobre otro anterior, que había sido levantado una centuria antes por los Bou, linaje nobiliario de origen catalán que llegó a Valencia acompañando al rey Jaime I el Conquistador.

El edificio tardogótico, de planta cuadrada, sigue los modelos propuestos por las mansiones nobiliarias de la época y luce un gran patio descubierto y una escalera de piedra que permite acceder al piso principal. Destacan en el inmueble las pinturas murales góticas descubiertas en una pared medianera durante las últimas obras de rehabilitación siendo un valioso ejemplo de pintura medieval en un edificio civil.

◉ II, A2
Palacio de los Bou
✉ Bou, 11.

◀ Plaza Redonda.

●●●●●●●
🕐 I, C2
Estación del Norte
✉ Xàtiva, 24.
🚌 6, 7, 8, 9, 10, 11, 15, 19, 28,
32, 35, 40, 62, 67, 70, 71, 72,
73, 81.
🚇 L3, L5, L9.

●●●●●●●
🕐 I, C2-3
Plaza de Toros
Museo Taurino
✉ Pasaje Doctor Serra, 10.
📞 963 883 738.
🕐 Martes a domingo:
10 h-19 h. Domingo y
festivos: 10 h a 14 h.
💰 2 €. Gratuita el sábados,
domingos y festivos. Incluye
acceso a la Plaza de Toros.
🚌 6, 7, 8, 15, 19, 35, 40.
🌐 www.museotaurino
valencia.es

▼ Estación del Norte.

VALENCIA CULTURAL

❙ ESTACIÓN DEL NORTE ✳

Valencia es uno de los principales núcleos urbanos de España y eso se nota, sobre todo, por la facilidad de acceso a ella, ya sea por tierra, mar o aire. La estación del Norte nos va a servir como punto de arranque de esta ruta cultural, que nos llevará por algunos de los museos más interesantes de la ciudad. La estación está situada en pleno corazón de la capital de la Comunidad Valenciana, en la calle Xàtiva, a solo unos pasos del Ayuntamiento. Un simple vistazo a su fisonomía ayuda a recordar todos los tópicos valencianos de un solo golpe: naranjas, flores de azahar, campos de labranza, la Albufera, el *Micalet*... motivos que luce con orgullo la fachada de este espectacular edificio modernista, levantado entre 1906 y 1917 por Demetrio Ribes y considerado uno de los más bellos ejemplos de arquitectura ferroviaria de todo el país. Recomendamos visitar su vestíbulo por su amplitud y por ese siempre agradable sabor a tradición.

❙ PLAZA DE TOROS

No hace falta desplazarse ni un centímetro para contemplar la plaza de toros de Valencia, separada de la estación por la calle de Alicante. Es una de las más grandes de España, construida por Sebastián Monleón entre 1850 y 1860 en estilo neoclásico, a imagen y semejanza del Coliseo romano, según unos, y del anfiteatro de Nimes, según otros. Desde fuera es posible contemplar sus cuatro plantas porticadas, que se corresponden en el interior con otras tantas galerías sobre las que se disponen un total de 384 arcos simétricos de ladrillo. Un dato: el coso cuenta con capacidad para unos 17.000 espectadores, y en los días de Fallas o la Feria de San Jaime (en julio) consigue aforo completo, por no hablar de los numerosos conciertos que aquí se celebran. Los amantes de la Fiesta Nacional pueden visitarla y acercarse después al **Museo Taurino**, el primero en el mundo constituido como tal, con todo tipo de recuerdos y grabados desde el siglo XVIII hasta nuestros días.

❙ CONVENTO DE SAN PABLO

En la acera de enfrente, en la calle Xàtiva en su confluencia con la avenida del Marqués de Sotelo, este convento, fundado por los jesuitas en el siglo XVI es el más antiguo de la ciudad, aunque hoy tiene una función bien distinta a la original: es un centro de enseñanza que lleva por nombre Luis Vives. Destacan en el edificio el claustro y algunos ornamentos barrocos.

I MUSEO VALENCIANO DE LA ILUSTRACIÓN Y LA MODERNIDAD (MuVim)

Situado en el barrio del Carmen, para llegar a este curioso museo, hay que seguir la calle Xàtiva hasta su confluencia con Guillem de Castro, dejando atrás la plaza de San Agustín, donde se ubica la iglesia gótica del mismo nombre. En el cruce con la calle Quevedo, giramos a la izquierda hasta ver el modernísimo edificio blanco que alberga el MuVim, o lo que es lo mismo, el Museo Valenciano de la Ilustración y la Modernidad (Museu Valencià de la Il·lustració i de la Modernitat), insignia cultural de la Comunidad Valenciana y una de las instituciones de referencia del arte moderno y contemporáneo a nivel europeo.

El edificio es una apuesta cien por cien vanguardista, obra de Guillermo Vázquez Consuegra que ha empleado el hierro y el cristal como principales elementos en su construcción. En su interior, una exposición permanente, titulada *La aventura del pensamiento,* muestra a los visitantes la evolución de la sociedad europea durante los últimos cinco siglos (cambios políticos, conquista de derechos y libertades, nacimiento de ciudades...). Y todo, a través de audiovisuales en los que se utiliza la más moderna tecnología. Interesante y atrevida propuesta para la cual se hace imprescindible pedir cita previa.

El museo cuenta además con dos salas (sala Parpalló y sala Alfonso Roig) para exposiciones temporales, además de biblioteca y centro de documentación. Suelen programar algunas exposiciones muy interesantes de fotografía y artes visuales en general.

En el sótano se pueden contemplar los restos de la **torre** almohade **de Balansiya**, alzada a comienzos del siglo XIII, que se extiende a lo largo de 2 m y fue rescatada en los trabajos de construcción del museo.

▲ Plaza de toros de Valencia.

• • • • • • • •

🗺 II, D1
Museo Valenciano de la ilustración y la Modernidad (MuVim) (Museu Valencià de Il·lustració i de la Modernitat)
✉ Guillem de Castro, 8.
☎ 963 883 778.
🕐 Martes a sábado: 10 h-14 h y 16 h-20 h. Domingo y festivos: 10 h-20 h. Lunes cerrado.
💶 2 €.
🚌 7, 9, 27, 40, 62, 67, 73, C1.
🚇 L1, L2, L3, L5, L9.
🌐 www.muvim.es

Museo de la Seda
✉ Hospital, 7.
☎ 963 511 951.
🕑 Martes a sábado: 10 h-19 h.
Domingo: 10 h-14.30 h.
Lunes cerrado.
💶 9 €
🌐 www.museodelaseda
valencia.com

▲ Torres de Quart. A la
dcha., el Jardín Botánico.

🕑 I, B2
Torres de Quart
✉ Plaza de Santa Úrsula, 1.
☎ 962 083 907.
🕑 Martes a sábado: 10 h-14 h
y 15 h-19 h. Domingo y
festivos: 10 h-14 h.

🕑 I, A-B1
**Jardín Botánico
(Jardí Botànic)**
✉ Quart, 80.
☎ 963 156 800.
🕑 Todos los días. De 10 h-18 h
(en verano hasta las 21 h).
💶 2 €.
🚌 28, 60, 62, 63, 64, 73, 92,
C1, C2.
🚇 L1, L3, L5.
🌐 www.jardibotanic.org

▌ COLEGIO DEL ARTE MAYOR DE LA SEDA

Prácticamente al lado del MuVim, nos encontramos con el caserón del Colegio del Arte Mayor de la Seda, sede del gremio de los sederos en el siglo XV y centro cultural en nuestros días. La escalera gótica de caracol es espléndida, al igual que los azulejos del siglo XVIII que adornan el salón de actos. También cuenta con una capilla interesante. Incluye un **Museo de la Seda** con telares y tejidos clásicos y barrocos. En 2016 se llevó a cabo una meritoria recuperación del edificio emprendida por la fundación Hortensia Romero.

▌ TORRES DE QUART   ✶✶

Volvemos a la calle Guillem de Castro y continuamos por ella, dejando a la derecha la **ermita de Santa Lucía** (frente a la que se encuentra una reproducción a mayor tamaño del Guerrero de Moixent, una estatuilla ibérica) y la **iglesia del Pilar,** hasta llegar a las **Torres de Quart** cuyos orígenes se remontan al siglo XV. Fueron, durante mucho tiempo, uno de los principales accesos a la ciudad, sobre todo para las gentes que provenían de las comarcas que atravesaba el denominado Camino de Castilla. Al estar integradas, en sus tiempos, en la muralla medieval, su pasado es tanto defensivo (desde aquí se paró los pies al mismísimo Napoleón durante la Guerra de la Independencia, de ahí los destrozos que aún se aprecian) como belicoso, ya que sirvió de prisión militar y almacén de pólvora. Los torreones, obra de Pere Compte y Pere Bofill, son idénticos, en forma de cilindro y construidos con sólida mampostería. Antes de proseguir el camino sugerido a continuación, recomendamos a los amantes de las plantas, continuar por la calle Quart alejándose del casco histórico, para visitar el **Jardín Botánico** que se encuentra en las inmediaciones de las torres y que pasa por ser uno de los mejores de Europa. Fue creado en 1802 por el botánico Antonio José Cavanilles.

| CENTRO VALENCIANO DE CULTURA MEDITERRÁNEO LA BENEFICENCIA

Bajando por la calle de Guillem de Castro hasta su confluencia con la calle Corona, nos encontramos con la antigua casa de la Beneficencia. Construida a finales del siglo XIX para atender a los refugiados, fue remodelada en su totalidad hace años para formar este conjunto en donde la historia local es la auténtica protagonista. Así, en su interior, nos encontramos con reliquias de todo tipo, repartidas entre el **Museo de la Prehistoria**, con hallazgos arqueológicos en yacimientos de la provincia desde el Paleolítico hasta la época romana, y el **Museo de Etnología**, donde se plasman los cambios sufridos en la forma de vida de la sociedad rural. El centro acoge también exposiciones temporales, conciertos y diversos actos culturales.

| IVAM. INSTITUTO VALENCIANO DE ARTE MODERNO. CENTRO JULIO GONZÁLEZ ★★

Hasta hace relativamente poco tiempo, el Instituto Valenciano de Arte Moderno (IVAM) contaba con dos espacios, uno, el centro Julio González, en la calle Guillem de Castro, 118, muy cerca de las Torres de Quart, y otro, el Centre del Carme, en las proximidades. En 2002, el segundo centro se retiró definitivamente del proyecto cultural iniciado en febrero de 1989, dejando este gran edificio que ahora vemos como única sede. El IVAM es una de las principales referencias vanguardistas de Europa. En él se exhiben desde obras de artistas valencianos del siglo XX considerados precursores del arte moderno (Sorolla, Pinazo) hasta otras más actuales, correspondientes a las principales corrientes internacionales. Paul Klee, Chillida, Tàpies, Kirkeby, el Equipo Crónica... comparten espacio con otros artistas, españoles y extranjeros, que concentran las exposiciones temporales del IVAM.

Pero, sin duda, la colección principal es la del catalán Julio González (Barcelona, 1876-París, 1942), que da nombre al centro. Está formada por unas 360 piezas, entre esculturas, pinturas y trabajos de orfebrería, que reflejan la perfecta síntesis entre cubismo, surrealismo y constructivismo que caracterizó a Julio González. Sus obras se distribuyen en torno a los siguientes temas: *De Barcelona a París* (1900-1920); *Planos y volúmenes; Dibujar en el espacio; La sombra, la noche, la materia* (1934-1936), y *El principio de la metamorfosis* (1936-1942). Obras como *Desnudo recostado con libro, Máscara de adolescente, Los enamorados II, La Bailarina de la margarita* o *Señor Cactus,* bien merecen una visita. Esta es la muestra más importante y completa sobre Julio González que se puede ver en el mundo, a pesar

◉ I, A2
Centro Valenciano de Cultura Mediterránea La Beneficencia (Centre Valencià de Cultura Mediterrània La Beneficència)
▣ Corona, 36.
☎ 963 883 565.
◷ Martes a domingo: 10 h-20 h. Lunes cerrado.
🚌 28, C1.
🚇 L1, L3, L5.
🖥 www.labeneficencia.es

◉ I, A2
IVAM. Instituto Valenciano de Arte Moderno. Centro Julio González (IVAM. Institut Valencià D'Art Modern)
▣ Guillem de Castro, 118.
☎ 963 176 600.
◷ Martes a domingo: 10 h-19 h. Viernes: 10 h-20 h. Lunes cerrado.
🎟 5 €.
🚌 28, 95, C1.
🚇 L1.
🖥 www.ivam.es

▼ Fachada y sala de exposiciones del IVAM.

▲ Plaza del Carmen.

⏺ F.p.
Centro de Artes Digitales Bombas Gens
(Bombas Gens Centre d´Arts Digitals)
✉ Av. de Burjassot, 54-56.
☎ 963 463 856.
🕐 Miércoles a domingo: 11 h-14 h y 16 h a 19 h. Lunes y martes cerrado.
💶 Gratuita (guiadas sábado y domingo: 8 €).
🚌 28, 60, 64, 90, 89, 80, 79, 94, 95, 98.
🚇 L1, L2, L4.
🌐 www.bombasgens.com

⏺ I, A2
Centro del Carmen
(Centre del Carme)
✉ Museo, 2.
☎ 963 152 024.
🕐 Martes a domingo: 11 h-21 h. Lunes cerrado.
💶 Gratuita.
🚌 28, 95, C1.

⏺ I, A2

de que hay otras colecciones de valor en el Musèe National d'Art Moderne de París, el Museo Nacional Centro de Arte Reina Sofía de Madrid o el MOMA de Nueva York. La obra de Julio González, principalmente la escultura, es deudora del trabajo de sus amigos Gargallo y Picasso. La creación de un lenguaje propio a partir del uso del hierro es su aportación principal.

En 1991 el IVAM inauguró la sala Pinazo (o Sala de la Muralla), ubicada en los sótanos del edificio y que muestra los cimientos de la antigua muralla medieval construida en la segunda mitad del siglo xiv En ella se exponen, principalmente, fotografías y dibujos.

CENTRO DE ARTES DIGITALES BOMBAS GENS

Desviándonos un poco de la ruta, cruzamos el puente de las Artes, y en el número 54 de la avenida de Burjassot, un antiguo edificio acogió desde la década de los treinta del siglo pasado la producción de válvulas industriales, bombas hidráulicas y máquinas agrícolas. El complejo, que permanecía cerrado desde finales del siglo xx, fue adquirido en el año 2014 por la fundación Per Amor a l´Art presidida, la cual, tras una modélica rehabilitación, ha conseguido recuperar la fachada *art-decó,* las cinco naves, un refugio antiaéreo de la Guerra Civil y una bodega del xv.

En febrero de 2023 Bombas Gens se convierte en el Centro de Artes Digitales Bombas Gens (Bombas Gens Centre d´Arts Digitals) un espacio pionero en España especializado en la difusión de proyectos expositivos y culturales de carácter audiovisual.

CENTRO DEL CARMEN

Volviendo al IVAM, continuamos por la calle Na Jordana hasta su cruce con Salvador Giner. Estamos en pleno barrio del Carmen. Pues bien, justo ahí, en ese cruce, se encuentra el **Centro del Carmen (**Centre del Carme), construido sobre el antiguo convento del mismo nombre, que tiene sus orígenes en el siglo xii. Es en el siglo xix cuando se convierte en Museo de Bellas Artes y sede de la Real Academia de Bellas Artes y de las Escuelas de Bellas Artes y Artes y Oficios. Por sus pasillos pasaron personajes de la talla de Joaquín Sorolla, Manuel Benedito o los hermanos Benlliure. El edificio fue declarado Monumento Histórico-Artístico Nacional en 1983. A día de hoy, es un gran contenedor de cultura enfocada a locales y viajeros. Un sitio vivo donde verás todo tipo de exposiciones.

PLAZA DEL CARMEN

Justo al lado del anterior se abre la plaza del Carmen, que da nombre a este barrio de bohemios y artistas.

El ángel de bronce que remata el campanario de la **iglesia del Carmen,** en la misma plaza, es todo un símbolo en la zona. Lo más destacable del templo es su fachada barroca, con columnas jónicas, corintias y salomónicas y una imagen de la Virgen del Carmen. En la misma plaza destacan también el **palacio de Pineda** y una estatua dedicada a Juan de Juanes.

CASA-MUSEO JOSÉ BENLLIURE ✱

Hay que dar la vuelta a la manzana para situarnos frente al antiguo cauce del río Turia y seguir la calle Blanquerías. En el número 23 se encuentra la casa-estudio del pintor valenciano José Benlliure (1855-1937), hoy convertida en museo. José era el hermano mayor de Mariano (1862-1947), uno de los escultores más importantes de su época que se ganó al gran público gracias a su peculiar estilo, que podríamos definir como realismo anecdótico. Hay numerosas esculturas suyas diseminadas por toda Valencia y también en el resto de España (estatua ecuestre del monumento a Alfonso XII en El Retiro de Madrid, Mausoleo de Joselito en Sevilla...). En el interior de esta casa se pueden contemplar unas 50 obras firmadas por el mayor de la saga, José (especialista en escenas de género y cuadros religiosos), su hijo Peppino y su hermano Mariano. También algunas de Sorolla, Segrelles y Muñoz Degrain, entre otros. Llama la atención su jardín romántico.

TORRES DE SERRANOS ✱✱

Bajando por la misma calle Blanquerías llegamos a las Torres de Serranos. Nos encontramos ante la puerta urbana más importante del gótico europeo. Las torres fueron levantadas en el siglo XIV por Pere Beleguer y sirvieron de acceso a la gente que provenía de la zona montañosa del interior. Eran la puerta de acceso a la ciudad amurallada que cerraba más tarde, y, junto

🕐 I, A2
Casa-Museo José Benlliure
🏛 Blanquerías, 23.
☎ 963 911 662.
🕐 Martes a sábado:
9.30 h-14 h y 15 h-19 h.
Domingo y festivos:
10 h-14 h. Lunes cerrado.
💶 2 €.
🚌 28, 95, C1.

🕐 I, A2
Torres de Serranos
🏛 Plaza de los Fueros.
☎ 963 919 070.
🕐 Martes a sábado: 10 h-14 h y 15 h-19 h. Domingo y festivos: 10 h-14 h. Lunes cerrado (excepto meses de verano.
💶 2 €. Gratuita domingo y festivos.
🚌 6, 16, 26, 28, 94, 95, C2.

◀ Torres de Serranos.

▲ Museo de Bellas Artes.

a las Torres de Quart, las únicas que se conservan, desde que en 1865 se derribaran las murallas.

Tenían, por supuesto, una misión defensiva, aunque en ocasiones fueran utilizadas como arco de triunfo. De ese pasado festivo, algo queda. Aquí tiene lugar la *cridà,* o lo que es lo mismo, pregón de la Fallera Mayor que da inicio cada año a las Fallas. ¿Quién no recuerda el *"caloret faller"* que le entró a Rita Barberá en el año 2015? Entre los siglo XVI y XIX también fueron empleadas como cárcel, solo para nobles y caballeros, eso sí.

Como se puede apreciar, las torres son gemelas y están construidas con piedra de sillería. Son de planta poligonal, están almenadas y cuentan con bóvedas de crucería en sus distintos pisos. Conviene verlas por delante y por detrás, pues la imagen cambia bastante. Las torres están rodeadas por un foso y unidas por un cuerpo central donde se ubica la puerta, de medio punto y seis metros y medio de alto.

I CASA DE LAS ROCAS (MUSEO DEL CORPUS)

Al lado de las Torres de Serranos abre sus puertas este peculiar **museo.** No tiene nada que ver con restos arqueológicos, como su nombre pueda darnos a entender. Tiene más bien evocación festiva: las "Rocas" son las carrozas triunfales que se utilizan durante las fiestas del Corpus Christi. Apenas guardan relación con los tradicionales pasos castellanos o andaluces, no tienen ese acabado tan perfecto, pero sí son muy vistosas. Gigantes y cabezudos, banderolas, trajes y estandartes completan la colección permanente.

I MUSEO DE BELLAS ARTES (MuBAV)   ******

De las torres de Serranos nace el puente del mismo nombre, que se eleva sobre el antiguo cauce del Turia, hoy reconvertido en jardín. No vamos a cruzarlo... de momento. Es la primera vez que nos asomamos a la que fuera cuna del principal río valenciano que hoy ha cambiado sus rebeldes aguas por una tranquila brecha verde. De momento, continuamos por la calle Trenor hasta alcanzar el puente de la Trinidad. Este sí lo vamos a cruzar para encontrarnos a mano derecha con el importante **Museo de Bellas Artes** (Museu Belles Arts). El edificio es barroco, del siglo XVII, originariamente fue Colegio Seminario de San Pío V. Su planta se compone, básicamente, de dos núcleos principales: la iglesia, bajo cuya cúpula se sitúa el zaguán del museo, y un claustro de triple arquería superpuesta a través del cual se accede a las diferentes salas. El claustro está salpicado de piezas arqueológicas de diferentes épocas, entre las que destaca un sarcófago paleocristiano y un león ibérico.

◔ I, A2
**Casa de las Rocas
(Museo del Corpus)**
✉ Roteros, 8.
☎ 963 153 156.
⏰ Martes a sábado: 10 h-14 h y 15 h-19 h. Domingo y festivos: 10 h-14 h.
💳 Gratuita.
🚌 28, 95, C1.

◔ I, A3
**Museo de Bellas Artes
(MuBAV)**
Museu Belles Arts (MuBAV)
✉ San Pío V, 9.
☎ 963 870 300.
⏰ Martes a domingo: 10 h-20 h. Lunes cerrado.
💳 Gratuita.
🚌 6, 11, 16, 26, 28, 94, 95, C2.
🖥 museobellasartes valencia.gva.es

El recorrido artístico se inicia con la selección de los llamados Primitivos Valencianos, obras maestras de los siglos XIV hasta principios del XVI, con artistas tan representativos como Alcanyís, Nicolau, Jacomart y Reixach, entre otros. También es de señalar la escuela valenciana con Joanes, los Ribalta, Espinosa, Vicente López, Sorolla, Pinazo y otros. Asimismo hay obras de Pintoricchio, Andrea del Sarto, Van Dyck, Murillo, Velázquez (su *Autorretrato*, sin duda, el cuadro de mayor valor del museo), El Greco (*San Juan Bautista*) o Goya (*Retrato de Joaquina Candado*, amante y ama de llaves del pintor durante su estancia en Valencia). Pero la obra que se guarda con más mimo en este espacio es un primitivo de gran valor: el Retablo de Fray (1396-1398), de Fray Bonifacio Ferrer, en técnica mixta, que comparte protagonismo con otras tablas que dejan de manifiesto la relevancia del Reino de Valencia durante la Edad Media.

La Galería de Escultura de los siglos XIX y XX, situada en la primera planta del Patio del Embajador Vich, incluye obras de artistas como Mariano Benlliure, Carmelo Vicent, Enrique Giner, José Capuz, Francisco Marco Díaz-Pintado, José Pinazo Martínez o Vicente Beltrán Grimal, entre otros. El museo posee también el sarcófago de Blasco Ibáñez que, desde febrero de 2017, se expone en un patio interior. Realizado en 1935 utilizando latón dorado y mármol de Carrara, muestra la figura yacente del escritor envuelta en un sudario mientras las tapas se adornan con siluetas de los personajes más conocidos de sus libros.

En 2023 el museo ha ampliado su colección permanente con tres salas dedicadas a Ignacio Pinazo, a José Benlliure Gil e hijo, y una tercera, dedicada al paisajista Antonio Muñoz Degrain.

Ya de vuelta en la planta baja, atravesando el zaguán, es posible acceder a la sala de exposiciones temporales.

❘ PALACIO DEL TEMPLE

Cruzamos de nuevo el puente de la Trinidad hacia la otra orilla para proseguir por la calle del Pintor López hasta alcanzar el palacio del Temple, en la plaza del mismo nombre, en el mismo lugar donde antes hubo un convento, construido por la Orden de los Templarios en el terreno cedido por Jaime I en gratitud por la ayuda prestada durante la conquista de Valencia. El edificio que ahora vemos data del siglo XVIII y fue fundado por Carlos III para donárselo a la Orden de Montesa. Ese convento (claustro neoclásico incluido) es hoy sede de la Delegación de Gobierno, mientras que la iglesia (conocida como Iglesia de Santa María del Temple) sigue abierta al culto religioso. Las obras

▲ *Floral,* del pintor valenciano Pinazo Camarlench en el Museo de Bellas Artes.

🄾 II, A4
Palacio del Temple
✉ Plaza del Temple, 2.
☎ 963 918 837.
🌐 www.iglesiadeltemple.es

⏱ I, B3
Convento de Santo Domingo
✉ Plaza de Tetuán, 22.
☎ 961 963 003.
⏱ 8 h-14 h (visita en grupo bajo previa reserva).
🎫 Gratuita.
🚌 6, 9, 11, 16, 26, 28, 31, 32, 70, 71, 81, 94, 95, C1.
🚆 L3, L5, L7, L9.

▲ Retablo del convento de Santo Domingo.

⏱ II, C4
Plaza de Alfonso El Magnánimo

⏱ II, C4
Palacio de Justicia
✉ Palacio de Justicia, 1.

de rehabilitación del palacio finalizadas en 2019 han facilitado el rescate de un tramo de la muralla islámica, así como el hallazgo de pinturas murales en una casa árabe y dos torres que formaban parte de las fortificaciones alzadas en el siglo XII.

CONVENTO DE SANTO DOMINGO
Jaime I fue el encargado de colocar la primera piedra de este convento dominico allá por 1239, aunque apenas quede nada en pie de aquella época. Para llegar hasta él, basta con seguir por la calle Pintor López hasta situarnos al comienzo del puente Real, pero sin cruzarlo. Desde esta esquina ya se puede ver, aunque su entrada está en la plaza de Tetuán. El conjunto ha sufrido numerosas transformaciones a lo largo de su historia. Hoy es sede de la Capitanía General. Un dato a tener en cuenta: fue residencia de San Vicente Ferrer.

Los que lo hacen, no salen decepcionados. Resultan de especial interés su claustro mayor, del siglo XIV; la capilla de los Reyes, de estilo gótico (siglo XV) donde se encuentra el mausoleo renacentista de los Marqueses de Cenete, y la sala Capitular o de las Palmeras, una joya del gótico, llamada así por la disposición de los nervios que sostienen la bóveda. En la capilla de San Vicente Ferrer se pueden admirar los frescos de Vergara que adornan su cúpula.

PLAZA DE ALFONSO EL MAGNÁNIMO
La calle General Tovar que parte de la misma plaza de Tetuán desemboca, precisamente, en la plaza de Alfonso el Magnánimo, aunque casi todo el mundo la llama El Parterre. Un coqueto jardín, propicio para descansar y hacer un alto en el camino. Así, se puede observar con detalle la gran figura ecuestre de Jaime I realizada en bronce e instalada en su pedestal en 1891. Él fue quien fundó el Reino de Valencia en el siglo XIII y él es quien, cada 9 de octubre, recibe la Senyera, bandera oficial de toda la Comunidad, en conmemoración de la conquista de la ciudad a los árabes.

PALACIO DE JUSTICIA
No solo Jaime I tiene protagonismo en la plaza. Justo a la derecha, abre sus puertas el palacio de Justicia, un impresionante edificio neoclásico, sede del Tribunal Superior de Justicia de la Comunidad Valenciana y de la Audiencia Provincial. No siempre ha sido esta su función: también sirvió de Aduana Real e, incluso, de fábrica de tabaco. La imagen del rey Carlos III que se aprecia sobre la portada es obra de Vergara. Está flanqueada por dos figuras que representan la Justicia y la Prudencia, realizadas por el mismo autor. Del interior,

lo que más llama la atención es la escalera imperial, que parte de la puerta principal, que a su vez mira a los **jardines de la Glorieta**, de estilo decimonónico. Los valencianos sienten predilección por ellos, en especial por sus magnolios (también hay cedros y rosales), de grandes dimensiones, y por la fuente del Tritón. A su lado, la **plaza de la Porta de la Mar,** en la que se encuentra la reproducción de la puerta del Real. En este justo momento proponemos un paseo, antes de alcanzar nuestro siguiente destino. La **calle de la Paz,** que desemboca en los jardines y en el Parterre, presume de ser una de las más bellas de Valencia gracias a sus edificios modernistas y románticos. Donde hoy en día se encuentra el hotel Vincci estuvo el Ministerio de la República, cuando el gobierno republicano se trasladó a Valencia durante la Guerra Civil. En el antiguo Café Ideal Room se reunían los escritores Hemingway y John Dos Passos, corresponsales que cubrían la Guerra Civil, para departir con los intelectuales de la época.

I CASA NATAL DE SAN VICENTE FERRER

Llegados a este punto, ya conocemos el lugar donde San Vicente Ferrer fue bautizado (iglesia de San Esteban) y el lugar donde tomó los hábitos (convento de Santo Domingo). Falta, pues, conocer la casa donde nació, y hacia ella vamos. Desde los jardines de la Glorieta, coger la calle del Mar y torcer por la primera a la derecha.

En la casa, edificada en el siglo XV y reformada en el XX, podemos ver la habitación de Vicente Ferrer (ahora contiene un retablo de Vicente López), una

• • • • • • • •

II, B4
Casa natal de San Vicente Ferrer
✉ Pouet de Sant Vicent, 1.
☎ 963 528 481.
🕐 Lunes a sábado: 10 h-13 h y 17 h-19 h. Sábado: 10 h-13 h.

A la luna de Valencia

Esta expresión habitual en el refranero popular, no es casual. La plaza de la Porta de la Mar está presidida por una reproducción de la puerta del Real, que en sus tiempos era la última que se cerraba en la ciudad e impedía el acceso a los que llegaban demasiado tarde. Las puertas de la muralla se cerraban a cal y canto durante la noche para preservar a sus habitantes de cualquier ataque, lo que provocaba que los viajeros desorientados tuvieran que recibir el amanecer a la intemperie, o lo que es lo mismo, "a la luna de Valencia", que desde entonces significa quedársele a uno frustradas las esperanzas que tenía puestas en una cosa. Hay otra versión sobre el origen de la expresión menos romántica. Cuenta que tras la expulsión de los moriscos, un grupo de ellos tuvo que aguardar tres días y tres noches en la playa esperando un barco que los trasladara al norte de África. Pero los marineros nunca llegaron, quien sí lo hicieron fueron unos cristianos vengativos que acabaron con los moriscos... a la luz de la luna.

▲ Mercado de Colón y
detalle modernista
de su fachada.

• • • • • • • •

⊙ I, C3
Mercado de Colón
✉ Cirilo Amorós y Jorge Juan.
☎ 963 371 101.
⊙ Lunes a jueves: 7.30 h-2 h.
   Viernes y sábado: 7.30 h-3 h.
   Domingo cerrado.
⊟ Gratuita.
🚌 8, 10, 13, 18, 30, 32, 40, 93,
   94, C1, C2.
Ⓜ L3, L5.
🖥 www.mercadocolon.es

capilla, azulejos típicos valencianos y la que es la gran estrella y centro de peregrinación: el pozo milagroso.

En 1854 una epidemia de cólera hizo estragos en Valencia. La situación era crítica, y para colmo, el agua de Valencia y la de los pueblos más cercanos estaba contaminada. Y ocurrió el milagro: cuentan que de este pozo salieron 160.000 cántaros repletos de agua, lo que permitió hacer frente a la enfermedad.

❙ MERCADO DE COLÓN ✳

Llegar al mercado de Colón es relativamente fácil desde la casa natal de Vicente Ferrer, dando un paseo de unos 10 o 15 minutos. Hay que salir de nuevo a los jardines de la Glorieta, llegar hasta la plaza de la Porta de la Mar y coger aquí la calle Colón hasta su confluencia con la calle del Conde de Salvatierra, a la izquierda, que nos conduce directamente al mercado.

Se trata de un majestuoso edificio modernista, construido entre 1914-1916 por Francisco Mora, discípulo de Gaudí, en el que destaca su decoración, con motivos de cestas de frutas, labradores y naranjas.

Fue totalmente rehabilitado en 2003, cambiando el concepto de mercado tradicional por el de centro de ocio. Los puestos donde se vendían verduras, pescados y carne han dado paso a las cervecerías, cafeterías, horchaterías y algún restaurante de renombre. En los bajos podemos encontrar también alguna tienda de alimentación con productos gourmet. Por su vistosidad se le conoce como "La joya del Ensanche", distrito construido cuando se derribaron las murallas de la ciudad en 1865.

Merece la pena hacer una pequeña parada en alguna de sus terrazas para contemplarlo sin prisa, quizá imaginando cómo sería cuando los productos de la huerta y el mar ocupaban el ajetreado intercambio de vecinos y comerciantes.

VALENCIA MODERNA

El año 1957 es una fecha clave en la historia de Valencia. El río Turia ya se había desbordado con anterioridad en diversas ocasiones, pero ninguna riada logró lo que esta: tres cuartas partes de la ciudad quedaron anegadas por el agua. La solución fue drástica. La aprobación del Plan Sur permitió desviar el cauce del río unos cuantos kilómetros para alejarlo así del centro de la ciudad. El vacío dejado por su caudal pasó a ser, por obra y gracia de diferentes arquitectos, entre ellos Ricardo Bofill, un jardín donde los valencianos pasan buena parte de sus horas libres, paseando, haciendo deporte (hay buenas instalaciones para ello, está especialmente de moda el *running*) o montando en bicicleta. Nuestro recorrido comienza en la Ciudad de las Artes y las Ciencias y prosigue de puente a puente hasta el final del trayecto verde, visitando también monumentos, museos y parques próximos al antiguo cauce y otros lugares de interés, algo más alejados pero fáciles de acceder desde algún punto del trayecto. El trayecto completo es bastante extenso, unos 10 km, por lo que no hace falta hacerlo entero andando. El río –como sencillamente le llaman los valencianos– es el jardín urbano más grande de España. El tramo más interesante es el que va desde la Ciudad de las Artes y las Ciencias hasta las torres de Serranos. Este tramo se recorre en una media hora paseando.

CIUDAD DE LAS ARTES Y LAS CIENCIAS ✦✦

Centro cultural y de ocio situado en uno de los extremos del antiguo cauce del Turia. Sus 350.000 m² de superficie, distribuidos en un eje de 2 km, lo convierten en el mayor centro de Europa de sus características. Un espacio abierto a todos donde es posible asistir a la ópera, ver las estrellas, descubrir los orígenes de la vida, desafiar a un tiburón...

Sus cuatro edificios –Palacio de las Artes Reina Sofía, Hemisféric, Museo de las Ciencias Príncipe Felipe y Oceanográfico– comparten protagonismo con el Ágora, edificio que acoge desde 2020 el CaixaForum Valencia y cuenta con una superficie útil de 9.200 m², abarcable con la mirada desde L'Umbracle, un paseo de esculturas que ejerce de puerta de acceso. El recinto es obra, en su mayoría,

• • • • • • • •

📍 I, D4
Ciudad de las Artes y las Ciencias (Ciutat de les Arts i les Ciències)
✉️ Av. Professor López Piñero, 7.
☎️ 96 197 46 86.
🎟️ Todo el complejo (Museo, Hemisféric y Oceanográfico): 45,20 €.
2 recintos: 38,90 €.
1 recinto: 8,70 €.
🚌 1, 13, 15, 19, 24, 25, 35, 40, 94, 95 y 99.
🚇 L10, L3, L5 (parada de la Alameda, a unos 15 minutos del recinto).
🌐 www.cac.es

Palacio de las Artes
Reina Sofía
(Palau de les Arts
Reina Sofía)

✉ Av. Profesor López Piñer, 1.

☎ 961 975 900.

⊙ Visitas guiadas: 11 h,
12.15 h, 13.30 h, 15.45 h
y 17 h. Domingo: 11 h,
12.15 h, 13.30 h.

💳 12 €.

🚌 1, 13, 15, 19, 25, 35, 40,
95 y 99.

🚇 L10, L3, L5 (parada de
la Alameda, a unos 15
minutos del recinto).

🌐 www.lesarts.com

▲ Palacio de las Artes
Reina Sofía.

del arquitecto valenciano Santiago Calatrava –aunque las cubiertas de los edificios principales del Oceanográfico son obra de Félix Candela–, nacido en Benimánet.

1. Palacio de las Artes Reina Sofía

Su aspecto, semejante a un barco, recuerda bien cuál es su ubicación: en el antiguo cauce del río Turia. Cuenta con plataformas en voladizo, a diferentes alturas, a las que es posible acceder mediante ascensores panorámicos y escaleras situadas en el interior de carcasas metálicas. El contraste entre las chapas de acero y el cristal proporciona sensación de movimiento al conjunto, agazapado bajo una gran sobrecubierta metálica en forma de pluma, que se sostiene mediante dos apoyos, uno en su zona oeste y otro intermedio, quedando la zona este de la cubierta totalmente en voladizo. La cubierta o pluma mide más de 230 m de largo y alcanza los 75 m de altura. Las dos "cáscaras" que abrazan el edificio en el exterior están construidas en acero laminado (3.000 toneladas), revestido de nuevo *trencadís,* después de un año de reparaciones.

Las dimensiones máximas del Palacio son estratosféricas: 163 m de longitud por 87 m de ancho. Su superficie es mayor a la que se conseguiría sumando cuatro estadios de fútbol (40.000 m^2). El edificio, que fue inaugurado en octubre de 2005 en una gala lírica dirigida por Lorin Maazel, director musical del Palacio, se divide en cuatro grandes áreas: Sala Principal Central, Aula Magistral, Auditorio y Teatro Martín y Soler. El gran Coliseum del siglo XXI cuenta con un escenario de lujo, con 530 m^2 de superficie, en el que se desarrolla, durante todo el año, un completo programa de ópera, música clásica, danza y otras artes escénicas. El restaurante, situado en la parte más alta, bajo la pluma, completa su oferta.

2. El Hemisférico

El mismo Santiago Calatrava lo define así: "El edificio principal emerge de entre los estanques como un gran caparazón formado por una parte central fija y unos elementos laterales móviles, que son los parasoles que componen la parte transparente. Esta cubierta de morfología ovoidal, de 100 m de longitud, engloba una esfera en su interior". Hablamos de El Hemisférico, un gran ojo humano, el ojo de la sabiduría, cuya pupila no es otra cosa que el domo semiesférico de la sala de proyecciones, que se transforma visualmente en una esfera completa al reflejarse en el agua. Los párpados son las bóvedas tóricas; las pestañas, las cancelas acristaladas que se pliegan lentamente girando sobre unos goznes centrales. El ojo se abre y se cierra: es la sutil metáfora de un guiño a la observación y al conocimiento. Las partes no transparentes están construidas con hormigón blanco revestido de *trencadís*. Los juegos de luces y sombras al proyectarse sobre el estanque producen un fuerte impacto visual, que dan al conjunto un cierto aire futurista, casi fantasmal. Es todo un alarde de ingenio, donde la geometría se pone al servicio de la imaginación. Inaugurado en abril de 1998, fue el primer elemento del recinto en construirse. Pero, ¿qué ocurre dentro? La sala de proyecciones, con capacidad para más de 300 personas, es la única sala en España en la que se pueden ver, sobre una pantalla cóncava gigante de 900 m^2 y 24 m de diámetro, tres grandes espectáculos audiovisuales: representaciones de fenómenos astronómicos del Planetario –simula más de 9.000 estrellas–, películas en gran formato con sistema Digital 2D/3D, IMAX, sistema FULLDOME 2D/ 3D para proyecciones digitales y láser Omniscam de última generación, una tecnología de proyección especial láser que genera efectos luminosos a todo color e imágenes en 3D.

El Hemisférico
(L'Hemisfèric)

◉ Consultar cartelera (iniciada la proyección, no se permitirá el acceso).

▤ Desde 6,70 €.

◐ www.cac.es/hemisferic

▲ Ciudad de las Artes y las Ciencias con el Hemisférico en primer plano.

● ● ● ● ● ● ● ●
Museo de las Ciencias Príncipe Felipe
(Museu de les Ciències Príncipe Felipe)

🕐 Lunes a jueves: 10 h-18 h.
Viernes a domingo: hasta
las 19 h. Verano: hasta las
21 h.

💳 Desde 6,70 €.

🔗 https://cac.es/museu-de-
les-ciencies

3. Museo de las Ciencias Príncipe Felipe

Un colosal esqueleto, similar al de un dinosaurio. Así es el aspecto exterior del Museo de las Ciencias (Museu de les Ciències) Príncipe Felipe, salido de la imaginación de Santiago Calatrava. El arquitecto valenciano quería espacios amplios, donde la luz fuera protagonista. Y también el color blanco, el resplandor de los cristales, el agua para que el edificio se reflejara en ella. Así nació esta sorprendente construcción, dividida en cuatro plantas, de las que una gran parte es utilizada para exposiciones y cualquier otro tipo de actividad lúdica y científica. Más de 220 m de largo, 80 m de ancho y 55 m de altura máxima son los números que dan vida a este hito de la arquitectura moderna, en cuya plasmación del papel a la realidad se emplearon seis toneladas de acero y 58.000 m³ de hormigón, algunos de los cuales se encuentran repartidos entre los cinco pilares del vestíbulo que da acceso a la zona de exposiciones, ramificados en forma de árbol para soportar la cubierta. Un juego de plataformas sostenidas por arcos conforman las plantas del museo, con dos fachadas: una al norte, acristalada, plegada como un acordeón; otra, opaca, al sur, que recibe la cubierta inclinada, a modo de contrafuerte. Ambas fachadas cuentan con paseos exteriores, suspendidos a diferentes alturas, que llegan hasta el mismo borde del antiguo cauce del Turia. Una auténtica obra de arte, inaugurada al inicio del siglo XXI.

"Prohibido no tocar". Este es el lema que hay que tener en cuenta nada más atravesar la puerta del museo. La planta baja es de libre acceso y está dispuesta

▼ Museo de las Ciencias
Príncipe Felipe.

en torno a la llamada calle Menor, en la cual podemos ver la silueta del rostro de 55 científicos con su correspondiente nombre y una frase suya que invita a pensar. Aquí se encuentran también las taquillas, la cafetería, tiendas, salas de talleres –no perderse el Taller Estudio de Televisión– y el Auditorio, uno de los emblemas del museo, con una superficie de 3.200 m^2 y capacidad para unas 300 personas.

Unas escaleras mecánicas nos conducen a la primera planta, en la que nos recibe su larguísima Calle Mayor, a la que se accede ya con la entrada. Aquí están las dos joyas de la casa, las que más público concitan a su alrededor: el péndulo de Foucault y la molécula de ADN. Puede que haya muchos péndulos similares a este distribuidos por los museos de ciencias de todo el planeta, pero el valenciano tiene algo especial. Es similar al que usó Foucault para demostrar que la Tierra giraba sobre sí misma, como ya advirtió Galileo. Este es uno de los más largos del mundo (34 m) y en su base cuenta con bolas que el propio péndulo desplaza en sus movimientos hasta una plataforma, señalando de forma sonora el evento. No por mucho mirar, van a caer las bolas. Hay que tener mucha paciencia: el ciclo tarda 24 h en completarse. ¿La moraleja? Todo es producto de una ilusión: es el edificio y, con él, el globo terráqueo el que gira bajo el péndulo. Espectacular es también la molécula de ADN: 15 m de largo que se multiplican en la imaginación al mirar el espejo sobre el que se asienta.

El espacio que se abre a la derecha es algo así como un gran laboratorio, fascinante para los más pequeños, con exposiciones de ciencia interactiva y distintos módulos, como el *Exploratorium, L'Espai dels Xiquets* y el *Marvel Superhéroes,* donde podrán descubrir todos los secretos de personajes como Spiderman y los miembros de la Patrulla X.

La planta segunda alberga *El Legado de la Ciencia,* una exposición permanente en la que se detalla la vida y obra de tres premios Nobel de ciencias: Santiago Ramón y Cajal, Severo Ochoa y Jean Dausset. En la tercera y última planta el público puede recorrer el impresionante *Bosque de Cromosomas,* representación a gran escala de los 23 pares de cromosomas del genoma humano, en torno a los cuales se suceden divertidos y curiosos experimentos. Otro de los alicientes de esta planta es la exposición dedicada al cambio climático. Entre otras exposiciones interactivas se encuentra también *La Aventura Espacial.* dividida en tres partes: una dedicada a la visión en 3D, otra la Estación Espacial Internacional y un espacio donde se realizan animaciones.

▲ Interior del Museo de las Ciencias Príncipe Felipe.

El Umbracle (L'Umbracle)

🕐 En su interior alberga el aparcamiento de la Ciudad de las Artes y las Ciencias, con capacidad para 661 vehículos y 25 autobuses. Todos los días, 8 h-00 h.

🖥 www.cac.es/umbracle

Oceanográfico (L'Oceanogràfic)

🕐 Domingo a viernes: 10 h-18 h. Sábado: hasta las 19 h. Temporada alta: todos los días, 10 h-00 h.

💶 Desde 25 €.

🖥 www.cac.es/oceanografic

▼ L'Oceanogràfic.

4. El Umbracle

Un *winter garden* novecentista. Esta es la mejor definición de L'Umbracle, situado frente al Museu y puerta de entrada natural a la Ciudad, "adornado" con un centenar de palmeras, más de 60 naranjos amargos, 42 variedades de arbustos de la Comunidad Valenciana y muchas, muchas, plantas trepadoras. Los 55 arcos metálicos fijos y 54 flotantes, de entre 17 y 19 m de altura, sirven de cubierta a esta espectacular avenida que oculta en su interior un aparcamiento. Construido por Santiago Calatrava en hormigón blanco, con tablas de madera de teca en el suelo, L'Umbracle ofrece un espacio tranquilo para pasear, sentarse al sol en los bancos de *trencadís* y contemplar, con calma, las esculturas que lo pueblan: *Motoret,* de Miquel Navarro, *Paisatge,* de Francesc Abad, *Sin título,* de Joan Cardells, *Cristalización de la sequía,* de Nacho Criado, *Ex it,* de Yoko Ono y *Acceso,* de Ramón Soto. Al llegar la noche una parte de esta zona pública se transforma en terraza de copas y debajo está la discoteca M.Y.A. El entorno desde luego es inmejorable.

5. Oceanográfico

Costas, islas, lagunas... Oceanográfico, obra póstuma del arquitecto Félix Candela, propone un viaje fascinante a través de todos los ecosistemas del planeta para contemplar de cerca las fauces de un tiburón, jugar con los delfines, sumergirse en el Caribe e, incluso, escuchar los cantos de las ballenas. Un lugar único, con un volumen de agua salada equivalente al de 15 piscinas olímpicas, que es transportada a través de

un complejo sistema de tuberías desde el mismo mar Mediterráneo. Las cubiertas de hormigón blanco de los edificios centrales representan un nenúfar. En ellos, en las profundidades y al aire libre habitan 45.000 ejemplares de 500 especies distintas. Con una extensión de 110.000 m^2, el mayor centro marino de Europa se divide en 9 espacios o torres submarinas, comunicadas todas a través de subterráneos y pasarelas. Las áreas a visitar son las siguientes: Mediterráneo (para descubrir mejor cada secreto de nuestro mar), Humedales (con una gran jaula reservada a aves exóticas), Templados y Tropicales (con cangrejos araña de más de 4 m), Océanos (donde viven los tiburones), Ártico (donde las reinas son las ballenas beluga), Antártico (y sus divertidos pingüinos Humboldt), Islas (casi en exclusiva para una colonia de leones marinos), Mar Rojo (un auditorio con un escenario-acuario) y el Delfinario. Un gran parque marino de, como conviene dedicar, como mínimo, un día entero, siguiendo el orden que cada cual prefiera. Para ello, el recinto cuenta con varios restaurantes y diversos puntos de comida rápida distribuidos entre los jardines, que forman todo un jardín botánico con plantas y flores perfectamente identificadas.

▲ CaixaForum.

6. Ágora - CaixaForum Valencia

Entre el puente del l'Assut de l'Or y El Oceanográfico, se alza el Ágora, un espacio coronado por dos alas entrelazadas, concebido por el arquitecto valenciano Santiago Calatrava como un gran punto de encuentro para visitantes, en un intento de evocar las antiguas plazas griegas a las que conmemora su nombre. Revestido de *trencadís* azul y cristal, su silueta ayuda a romper la horizontalidad del complejo con sus 80 m de altura y una superficie de 5000 m^2, que vuelve a mirar hacia arriba, en busca del cielo, de la luz. El último edificio en edificarse del complejo ha sido el más polémico ya que costó 80 millones de euros y nunca se llegó a terminar su diseño original porque no había dinero para colocar la cubierta, que constaba de unas grandes placas de hierro que conducirían el aire hacia el interior de la plaza y elevarían su altura hasta los 80 m. La desidia de las instituciones y el tiempo hizo que el "mejillón", como popularmente se le conoce, cerrado por deficiencias de seguridad. No es hasta 2018 cuando la instituciones ofrecen la concesión de edificio a la Caixa. Finalmente y tras varios años de retraso, es en 2022 cuando CaixaForum Valencia abre sus puertas. Con una superficie útil de 6.500 m^2, se presenta como un proyecto singular consagrado a la difusión del conocimiento y la cultura, que aúna historia, arte, ciencia y tecnología al servicio de la divulgación.

Ágora
CaixaForum Valencia
✉ Eduardo Primo Yúfera, 1A.
☎ 960 901 960.
⌚ Lunes a domingo: 10 h-20 h.
🎟 6 €.
🌐 caixaforum.org/es/valencia

⏱ I, D4
Museo Fallero
✉ Plaza Monteolivete, 4.
☎ 962 084 625.
⏱ Martes a sábado: 10 h-19 h.
Domingo y festivos: 10 h-
14 h.
🎫 2 €.
🚌 13, 14, 15, 18, 24, 25, 95.
🚇 L10.

**Museo del Gremio Artesano
de Artistas Falleros**
✉ Avda. S. José Artesano, 17.
☎ 963 476 585.
⏱ Lunes a viernes: 10 h-14 h
y 16 h-19 h. Domingo y
festivos cerrado.
🎫 4 €.
🚌 12, 28.
🌐 https://artistasfalleros
gremio.com

⏱ I, D4
Puente del Ángel Custodio

⏱ Desplegable
Parque Gulliver
⏱ Consultar horarios en
https://parcdelturia.es/
actividades/parque-gulliver

▼ *Ninot* indultado
en el Museo Fallero.

Al lado del Ágora se encuentra el **puente de Serrería**, también conocido como Assut de l'Or, inaugurado en 2008. Es un puente atirantado, obra de Calatrava, cuyo pilono, de 125 m, pasa por ser el punto más elevado de la ciudad. Sus espectaculares costillas llaman la atención en la distancia.

❙ MUSEO FALLERO ✱
Vamos a seguir el antiguo curso del río, en el que a menudo se celebran, sobre todo cuando llega el verano, múltiples actos: conciertos al aire libre, castillos de fuegos artificiales, recitales… Al lado del Hemisféric se encuentra el primero de los **puentes** que vamos a cruzar, el de **Monteolivete**. Primera parada. Aquí se encuentra un museo pequeño en dimensiones, pero grande en contenidos.

El **Museo Fallero** encierra parte de la historia festiva más querida por los valencianos. En su interior vamos a ver una colección de lujo: los *ninots indultats* del fuego desde 1934 hasta nuestros días. Además, *ninots* infantiles, carteles, fotografías, paneles explicativos y audiovisuales que narran la evolución de los materiales a la hora de dar vida a las Fallas.

Otra visita recomendable para conocer más sobre el mundo de las Fallas, es acercarse hasta la **Ciudad del Artista Fallero**, bastante alejado del centro pero repleto de talleres donde se crean las figuras. Ahí está el **Museo del Gremio Artesano de Artistas Falleros,** con más *ninots* indultados.

❙ PUENTE DEL ÁNGEL CUSTODIO. PARQUE GULLIVER
Continuamos por la calle Alcalde Reig hasta llegar al puente del Ángel Custodio, construido en el siglo xx, bajo cuya estructura aparece un gigante yacente. Es **Gulliver**, el parque infantil preferido por los más pequeños, de cuyo corpachón salen un sinfín de toboganes. En su interior, una maqueta de la ciudad, y rodeándolo, juegos de todo tipo, un minigolf, un ajedrez de grandes dimensiones y rampas de patinaje…

❙ PASEO DE LA ALAMEDA
Hay que cruzar el puente del Ángel Custodio para llegar a la calle que flanquea la otra orilla del río, el paseo de la Alameda. Es bastante largo, ya que ha sufrido incluso una ampliación. En él encontraremos dos **fuentes**: una, que representa a las Cuatro Estaciones y es copia de una que se encuentra en Lyon, y otra, que en sus tiempos ocupó lugar en la plaza del Mercado y que fue instalada en el paseo en 1878. Representa esta última a cuatro infantes con las manos entrelazadas.

I PALACIO DE LA MÚSICA Y CONGRESOS   ★★

En la misma Alameda, junto al puente del Ángel Custodio, vemos ya el Palacio de la Música y Congresos de Valencia (Palau de la Música i Congressos de València), vanguardista edificio de cristal y hierro de 1988. Es el principal referente musical de la ciudad, y en él tiene su sede la Orquesta de Valencia. Fue construido por García de Paredes en el antiguo cauce del río, mientras que los jardines y lagos son obra de Ricardo Bofill. En ellos, llama la atención un estanque en el que es posible ver a un magnífico espectáculo de agua los fines de semana. Mejor contemplarlo de noche, cuando todo está perfectamente iluminado. En 2003 se realizó la ampliación del edificio a cargo del arquitecto Eduardo de Miguel dotándolo de dos plantas subterráneas que buscan la luz a través de distintos patios ajardinados. La temporada del Palacio comienza en octubre con los Festivales de la Tardor y su ciclo de conciertos y óperas duran hasta el verano. Sus instalaciones son envidiables: auditorios con una acústica inmejorable, salas de congresos y exposiciones...

I PUENTE DE ARAGÓN

Continuando por el paseo de la Alameda, el siguiente puente que nos encontramos es el de Aragón, construido en el siglo xx y que sirve para unir la Gran Vía del Marqués del Turia con la plaza de Zaragoza. Esto es una llamada de atención para los amantes del fútbol. Hay que coger la avenida de Aragón, a la altura del puente, a la derecha del paseo de la Alameda, para llegar a las puertas del estadio del Valencia F.C.: el **Mestalla**. En 2007 se empezaron las obras de lo será el Nuevo Mestalla pero la crisis del ladrillo paralizó las obras en 2009 y desde entonces el club no ha sido capaz de lograr la financiación para llevar a cabo un proyecto.

I PUENTE DEL MAR

Volviendo de nuevo al antiguo cauce del río, el siguiente puente del Mar (Pont del Mar), del siglo xvi, con arcos apuntados y una preciosa escalinata, que conserva sus bancos y templetes. Hasta el siglo xx, cuando se construyeron los puentes de Aragón y del Ángel Custodio, constituía la principal vía de acceso para llegar al mar. Pasado el puente, a mano derecha, siempre por el paseo de la Alameda, en la calle General Gil Dolz se encuentra el **Museo Histórico Militar,** con todo tipo de armas de pistón del siglo xviii, revólveres y trabucos ingleses del año 1851, trajes, sables... y otros objetos relacionados con la indumentaria castrense. También, interesantes colecciones de soldados de plomo.

I, C4
**Palacio de la Música
y Congresos
(Palau de la Música i
Congressos de València)**
Paseo de la Alameda, 30.
963 375 020.
4, 18, C3, 92, 93, 94.
L3, L5.
www.palauvalencia.com

▲ Parque Gulliver.

I, C4
**Puente de Aragón
(Pont d' Aragó)**

I, B4
**Puente del Mar
(Pont del Mar)**

I, B4
Museo Histórico Militar
General Gil Dolz, 8.
961 966 215.
Martes a sábado:10 h-14 h
y 16 h-20 h. Domingo y
festivos: hasta las 14 h.
Lunes cerrado.
Gratuita.
32, 94, 95.

⊙ I, B3
Puente de la Exposición

⊙ I, A3
Jardines del Real

▲ Los Jardines del Real es uno de los lugares más románticos de Valencia.

⊙ I, A3
Museo Municipal de Ciencias Naturales
✉ General Élio (Jardines de Viveros).
☎ 962 084 313.
⊙ Martes a domingo y festivos: 10 h-19 h. Lunes cerrado.
🖺 2 €. Gratuita domingo y festivos.
🚌 6, 11, 16, 26, 28, 31, 70, 71, 81, 94, 95, C2.

⊙ I, A2-3
**Puente de Trinidad
Puente de Serranos**

❙ PUENTE DE LA EXPOSICIÓN Y ESTACIÓN DE CALATRAVA
Muy en la línea de las construcciones del arquitecto valenciano, el puente construido por Santiago Calatrava supone un contrapunto moderno sobre el antiguo cauce del río. Los valencianos lo llaman el puente de la peineta, por su forma, y lo cierto es que se asemeja bastante. El arco tiene una altura de 14 m y está inclinado 70º sobre el plano horizontal, contribuyendo a la estabilidad del puente. Recomendamos verlo desde abajo, desde los jardines del Turia, donde se encuentra la estación de metro Alameda, obra también de Calatrava.

❙ PUENTE DEL REAL. JARDINES DEL REAL-VIVEROS ✳
Desde el puente de Calatrava continúan los jardines, pero nuestra siguiente parada es el **puente del Real,** del siglo XVI, que permitía en sus tiempos el acceso al Palacio Real. Fue inaugurado con motivo de la boda de Felipe III con la reina Margarita. En él se aprecian dos templetes, con tres columnas cada uno y techo de cerámica, con las figuras de San Vicente Ferrer y San Vicente Mártir, respectivamente. Es el puente más ornamentado de todos (atención a la monumental escalera que baja al río) y consta de diez arcos. A la derecha quedan los coquetos **jardines de Monforte,** que forman parte del Tesoro Artístico Nacional. Su estilo es neoclásico, pero es evidente un cierto aire romántico, con amorcillos y otras esculturas italianas. El paseo puede prolongarse por los **jardines del Real,** también llamados Viveros, anexos al museo de Bellas Artes. Es punto de encuentro de los valencianos la mañana de los domingos. Entre arbustos, rosaledas y explanadas, siempre hay sitio para alguna actividad cultural: en mayo, la Feria del Libro, en verano, conciertos. Cuenta además con el **Museo municipal de Ciencias Naturales,** cuya principal atracción es el esqueleto de un megaterio.

❙ PUENTE DE TRINIDAD Y PUENTE DE SERRANOS
Salimos de nuevo a la calle hasta alcanzar el **puente de la Trinidad,** de estilo gótico y el más antiguo de todos (siglo XIV). Cuenta con diez arcos apuntados ligeramente y dos estatuas enfrentadas que representan a San Luis Beltrán y San Juan de Villanueva. Se llama igual que el monasterio que podemos ver a la derecha, junto al Museo de Bellas Artes. El **puente de Serranos** une la Alameda con las Torres de Serranos. De estilo es gótico está construido con piedra de sillería y reforzado con contrafuertes. Con nueve arcos en sus tiempos servía para unir la ciudad con el arrabal. Fue derribado por una riada en 1517 y reconstruido.

▮ LOS OTROS PUENTES

El siguiente **puente** es el **de San José,** justo donde tuerce el cauce. Es del siglo xvi, consta de trece arcos y en él se puede ver una estatua de San José, venerada durante las Fallas. Le sigue el **puente de las Artes,** de reciente construcción y el **puente de las Glorias Valencianas (Ademuz),** donde se encuentra el una pista de atletismo con accesos.

▮ PALACIO DE CONGRESOS

El Palacio de Congresos está en las afueras, en la zona empresarial y comercial de la ciudad. Aquí también se sitúa el nuevo Casino o el esqueleto del nuevo estadio por terminar del Valencia C.F, el Nuevo Mestalla (que se prevé que esté terminado para la temporada 2027-28).

A mano derecha del puente de las Glorias Valencianas, podemos ver la avenida de Pío XII que debemos seguir hasta su confluencia con la avenida de las Cortes Valencianas. Todavía queda un buen trecho, hasta el número 60 de esta última avenida, para alcanzar el Palacio de Congresos (proyecto de Norman Foster en 1998). Rodeado de una espectacular fuente, es un moderno edificio de tres plantas con tres auditorios, sala de exposiciones y restaurante en el que se cuidó al máximo tanto el diseño como la calidad de las prestaciones. En 2010 y 2018 recibió el premio al mejor palacio de congresos del mundo. Muy cerca, junto al esqueleto del Nuevo Mestalla, podemos ver una gran escultura de rotonda de Manolo Valdés. Con casi 20 m de altura, esta *Dama Ibérica* está compuesta por 22.000 pequeñas réplicas de la Dama de Elche con gres cerámico. Rostros que, unidos con mallas de acero, componen un conjunto azul cobalto, similar al color predominante en la mayor parte de las cúpulas de las iglesias que dibujan el *skyline* de Valencia.

▮ PARQUE DE LA CABECERA Y BIOPARC

Volvemos de nuevo al puente de las Glorias Valencianas para continuar por el antiguo cauce del Turia. Desde aquí ya se pueden divisar las dos últimas construcciones que cruzaban el río: el puente de Campanar y el puente Nou d'Octubre. Una vez aquí nos encontramos ya muy cerca del **parque de la Cabecera,** un parque metropolitano que recrea el paisaje original del Turia, donde el protagonista es el agua, con un lago y pequeños islotes entre una exuberante vegetación compuesta por pinares mediterráneos y árboles exóticos. Son dos los dos recorridos principales del parque, el paseo del Molí del Sol y la Senda de Ribera, que la gente realiza a pie o en bicicleta.

▲ Palacio de Congresos.

● ● ● ● ● ● ● ●

🔘 I, A 1-2
Puentes de San José,
De las Artes
De Las Glorias Valencianas

● ● ● ● ● ● ● ●

🔘 F.p
Palacio de Congresos
✉ Av. Cortes Valencianas, 60.
📞 963 179 400.
🔗 https://palcongres-vlc.com/es

▼ Puente de Serranos.

▲ Bioparc.

● ● ● ● ● ● ● ● ●

🕐 Desplegable
Bioparc
✉ Av. Pío Baroja, 3.
🕐 Consultar web.
€ 26,90 €.
🚌 67, 73, 95, 98, 99.
🚇 L3, L5.
🌐 www.bioparcvalencia.es

Aunque hasta el parque también se llega para visitar, justo al lado, el **Bioparc**, un enorme zoo-inmersivo de nueva generación con una extensión de 100.000 m^2 que reproduce los diferentes hábitats del continente africano y que pretende fomentar el respeto por los animales y concienciar al ciudadano sobre el cuidado del medioambiente. Un lugar donde los animales conviven en el Bioparc como lo harían en la naturaleza, entre rebaños de antílopes, jirafas, rinocerontes y leones que dominan la gran pradera desde su atalaya rocosa.

Un murciélago y un balón

El estadio del Mestalla se encuentra fuera de itinerario, en la avenida de Suecia, pero resulta de muy fácil acceso desde el puente de Aragón. No es un monumento al uso, pero bien que los valencianos se sienten orgullosos de él, sobre todo desde que el Valencia se proclamó campeón de la Liga de Fútbol española en las temporadas 2001-2002 y 2003-2004. No siempre ha tenido este aspecto: el Mestalla fue víctima de la fatídica riada de 1957, por lo que tuvo que ser totalmente reconstruido. En 1970 pasó a llamarse Luis Casanova en honor a uno de los presidentes más emblemáticos del club, aunque recuperó su nombre original años después. Durante las tardes de domingo es donde mejor luce el escudo de la ciudad de Valencia, que llama la atención por uno de los elementos que lo integran: un murciélago. El escudo original estaba adornado con una ciudad amurallada sobre las olas, en alusión al emplazamiento de la villa. En 1337 se le añadió la corona. Las eles que flanquean los lados se deben al rey Pedro el Ceremonioso, que quiso resaltar así la lealtad de Valencia durante la guerra con Castilla. En 1503, el dragón que aparecía en algunos escudos reales dio paso al murciélago, que apareció por primera vez en las monedas en el siglo XIX.

VALENCIA MARINERA

PLAYA DE LA MALVARROSA   *

La tradición literaria y artística ha hecho que la Malvarrosa sea la playa más conocida de Valencia. Fue elegida como lugar de veraneo por la burguesía valenciana del siglo XIX. Blasco Ibáñez y Joaquín Sorolla tenían una casa allí y con la literatura y la pintura la dieron a conocer al resto del mundo. Bastaba que el escritor valenciano Manuel Vicent ideara un tranvía que nos llevara hasta ella. El nombre de Malvarrosa, a cuya popularización contribuyó Blasco Ibáñez, está tomado de las plantaciones de flores de esa especie, abundantes en las proximidades del lugar y con las que se elaboraban perfumes y esencias.

Hay muchas formas de llegar hasta la playa de la Malvarrosa, pero la que proponemos es la más romántica, al menos por el concepto. Frente a las Torres de Serranos, al otro lado del antiguo cauce, se encuentra la estación de Pont de Fusta, desde donde parten tranvías que conducen directamente a la playa. No espere algo especial, se trata de un modernísimo medio de transporte que no recuerda en nada a los antiguos. Valencia recuperó su uso en 1994, convirtiéndose así en la primera ciudad española que de nuevo hacía circular el tranvía en sus calles. Es la mejor forma de llegar hasta la Malvarrosa con un nuevo paseo Marítimo digno de recorrer cuando hace buen tiempo.

⊙ Desplegable
Playa de la Malvarrosa

▼ Playa de la Malvarrosa.

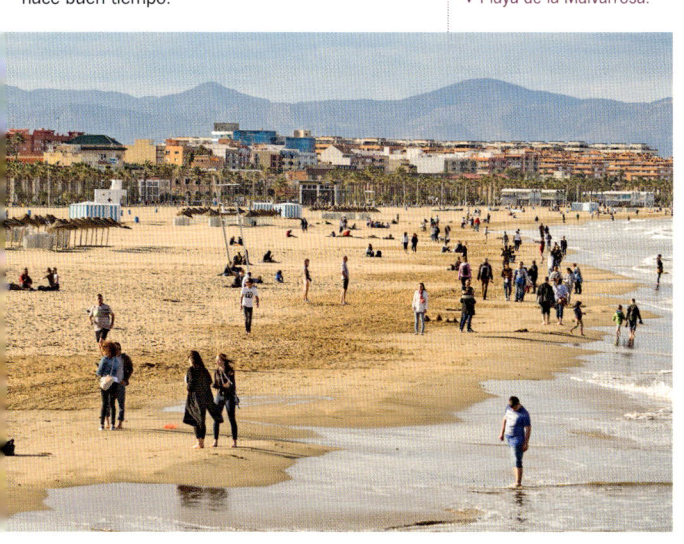

▲ El paseo Marítimo discurre junto a las playas de las Arenas y la Malvarrosa.

PASEO MARÍTIMO

Valencia, como otras tantas ciudades mediterráneas, vivía de espaldas al mar, que se encuentra a unos 5 km del centro. La recuperación de su paseo Marítimo que discurre junto a las playas de las Arenas, la Malvarrosa y el Paseo Neptuno se encuentra tras la zona de restaurantes existentes junto al puerto, abarcando ambas zonas 49.865 m² de superficie de vegetación. Este paseo ha unido Valencia con el mar y es uno de los jardines más visitados y que ha devuelto a los valencianos y sus visitantes el placer de un día de playa. Precedido por el puerto del Grao y sus hermosos tinglados, por las Atarazanas y el **balneario de las Arenas**, el paseo está flanqueado por bares, chiringuitos y restaurantes hasta su término, en la acequia de la Alboraya. Vamos a comenzar el recorrido precisamente aquí, en la zona más alejada del puerto, la más cercana por tanto a la *playa de Alboraya,* localidad famosa por ser la cuna del cultivo y elaboración de la horchata. El paseo Marítimo nos permite contemplar una playa amplia, limpia y muy cuidada. Una de sus calles paralelas es la de Isabel de Villena. Hay que adentrarse en ella porque en el número 156 se encuentra la **casa-museo** del escritor **Vicente Blasco Ibáñez** (1867-1928), contemporáneo de Sorolla, como ya hemos comentado antes, y autor, entre otras obras, de *La Barraca* y *Cañas y Barro,* que tan bien reflejan la vida de los pescadores valencianos de la época. Considerado por muchos el Zola español, lo cierto es que su actitud frente al personaje entronca más con la de un realista que se atiene, principalmente, a la descripción de ambientes. La que fue su casa

● ● ● ● ● ● ● ● ●
⊙ Desplegable
Casa-museo
Vicente Blasco Ibáñez
✉ Isabel de Villena, 159.
☎ 962 082 586.
⊙ Martes a sábado: 10 h-14 h y 15 h-19 h. Domingo y festivos: solo mañanas. Lunes cerrado.
🚆 2 €.
🚌 19, 31, 32, 92.
🖥 www.casamuseo blascoibanez.es

consta de tres plantas y un jardín, y alberga en su interior un museo con recuerdos personales del novelista (fotografías, grabados, muebles...), autor también de *Los cuatro jinetes del Apocalipsis.*

EL CABANYAL

Continuamos por el paseo hasta la zona del Cabanyal-Canyamelar, barrio de pescadores que desemboca en el mar. Vale la pena callejear por él y tomar algo en alguna de las típicas tabernas, donde encontrará buenas tapas y vinos. Desde que hubo cambio de gobierno en las autonómicas de 2015, se paralizó el antiguo sueño de Rita Barberá de extender la avenida Blasco Ibáñez hasta el mar, derribando 1.500 viviendas del Cabanyal, que además estaba considerado Bien de Interés Cultural por las leyes de la propia comunidad autónoma. Fue una lucha de los vecinos –que formaron la plataforma Salvem el Cabanyal– con el consistorio que duró unos 17 años, llevando al barrio a una situación insostenible, deteriorando al máximo la zona que se pretendía derribar, con graves problemas relacionados con la marginalidad, la exclusión social y la venta de droga. De hecho se llegaron a derribar algunas viviendas, dando lugar a fuertes enfrentamientos con la policía, y el propio Ministerio de Cultura calificó la actuación como un "expolio". A día de hoy, tras salvar físicamente su integridad después de vencer los planes de prolongación de la avenida Blasco Ibáñez, el Cabanyal encara un nuevo momento crucial tras la aprobación del Plan Especial del Cabanyal (PEC) en 2023 por parte de la Comisión Territorial de Urbanismo autonómica por el cual se tiene por delante la difícil tarea de rehabilitar este barrio histórico y de gran identidad propia y sanearlo sin que se produzca la tan temida especulación inmobiliaria.

Cuando vayamos a la zona marítima conviene dar una vuelta por el barrio, conociendo sus auténticas tabernas y algunas de sus calles de coloridas casas bajas. Sus atractivos se completan con el **Museo de la Semana Santa Marinera Salvador Caurín Alarcón,** celebración digna de ver si visitamos Valencia en ese periodo vacacional, y el recomendable **Teatro el Musical,** que ha reabierto sus puertas hace poco y programa obras difíciles de encontrar en los circuitos más comerciales.

PLAYA DE LAS ARENAS Y PASEO NEPTUNO

Pegada a la Malvarrosa –y sin diferenciarse demasiado de esta– se encuentra la *playa del Cabañal-Las Arenas,* más cercana al puerto y que en realidad podría ser parte de la misma gran playa. Aquí está el

▲ El barrio del Cabanyal es Conjunto Histórico Protegido de la ciudad de Valencia.

• • • • • • •

🕐 Desplegable
Casa-Museo de la Semana Santa Marinera Salvador Caurín Alarcón
✉ Rosario, 1.
☎ 963 525 478.
🕐 Martes a sábado: 10 h-14 h y 15 h-19 h.Domingo y festivos: 10 h-14 h. Lunes cerrado.
🎟 Gratuita.
🌐 www.semanasanta marinera.org/museo

Reales Atarazanas
- ✉ Plaza de Juan Antonio Benlliure, s/n.
- ☎ 963 525 478.
- 🕐 Martes a sábado: 10 h-14 h y 15 h-19 h. Domingo y festivos: 10 h-14 h. Lunes cerrado.
- 🎫 2 €.
- 🚌 19, 92, 95.
- 🚇 L6, L8.

Edificio del Reloj.
Sala de Exposiciones
Puerto Autónomo de Valencia
- ✉ Puerto de Valencia. Muelle del Grao, s/n.
- ☎ 963 939 400.
- 🕐 Todos los días: 11 h-18 h (en días de exposiciones).
- 🚌 4, 19, 30, 92, 95.

Tinglados del Puerto
- ✉ Doctor J.J. Dómine s/n.
- 🚌 4, 19, 92, 93.

▼ Edificio del Reloj, sede de la autoridad portuaria de Valencia.

famoso **paseo de Neptuno,** repleto de hoteles y restaurantes centenarios donde sirven buenos arroces con vistas al mar. El más típico, **La Pepica,** aunque desde 2007 que tuvo lugar la Copa América de Vela la zona ha perdido un poco de autenticidad al estar más orientado hacia el visitante ocasional que hacia el valenciano fiel. A pesar de esto lo normal es que disfrutemos de una buena paella con vistas privilegiadas de la playa. Conviene evitar los días festivos donde el servicio se resiente mucho. Muy cerca se encuentra el antiguo **balneario de las Arenas,** del que toma el nombre la playa, y hoy reconvertido en hotel de cinco estrellas Gran Lujo. Su piscina es idéntica a la que existía ya en 1933, incluido el famoso trampolín desde el que los más jóvenes saltaban con gracia para impresionar a las damas.

REALES ATARAZANAS Y EDIFICIO DEL RELOJ

Las **Reales Atarazanas** del Grao, conocidas en valenciano como Drassanes del Grau, son edificaciones industriales que comenzaron a construirse a finales del siglo XIV y fueron restauradas en la década de los noventa. Consta de cinco naves comunicadas entre sí y sirvieron en sus tiempos de astillero y almacén de utensilios navales. Actualmente es sede del **Museo Marítimo Joaquín Saludes** y sala de exposiciones. Cerca, se encuentran la **estación Marítima,** los **tinglados** modernistas y el neoclásico **edificio del Reloj.**

PUERTO DE VALENCIA
Y MARINA REAL JUAN CARLOS I   ✱

El puerto de Valencia fue uno de los principales nudos de transporte entre la península y el resto de países del Mediterráneo y a día de hoy sigue teniendo una gran actividad comercial. Tanto es así que en 2023 se ha aprobado la construcción del muelle de contenedores de la ampliación norte del puerto convirtiéndose, por tanto, en la cuarta terminal del mismo. El puerto es una extensa extensión, y para comprobarlo, nada como darse una vuelta en los barcos que lo recorren, las llamadas *golondrinas.* Es posible pasear por parte de la zona portuaria y contemplar la ornamentación modernista de los tinglados de los muelles, obra realizada en 1918 por Demetrio Ribes y que algunos han sido recuperados para actividades culturales. Lo cierto es que a raíz de la celebración de la Copa América de Vela en 2007, el puerto ha sufrido una importante transformación; la construcción de la **Marina Real Juan Carlos I** junto con sus dársenas deportivas y el **edificio Veles e Vents** como principal emblema son, sin duda, una excelente zona de ocio para las noches de verano.

VALENCIA NOCTÁMBULA

Cuando llega la noche y una parte importante de la ciudad se retira a descansar, parece que existe otra parte que empieza a despertarse del letargo de las rutinas diarias, dejándose llevar por el embrujo de la luna de Valencia. Y es que en los diferentes barrios existen múltiples propuestas artísticas, culturales y de ocio nocturno en general, haciendo que las animadas noches de Valencia resulten muy divertidas y variadas. Aquí dividimos el recorrido seleccionando cuatro propuestas representativas, aunque existen todavía más.

I BARRIO DEL CARMEN

En los anteriores recorridos hacíamos incursiones en el barrio para descubrir sus monumentos y museos, pero a la luz del día. Hay que visitarlo también cuando se pone el sol, para apreciar la transformación que sufre y recorrer los rincones del que es el centro neurálgico natural de la noche valenciana.

El Carmen (El Carme en valenciano) se caracteriza por su ambiente artístico, bohemio y desenfadado, aunque en los últimos años, debido a una oferta demasiado orientada al turista en algunos casos, puede haber perdido un poco de autenticidad y de encanto. En cualquier caso sigue siendo una parada obligada para tomar unas cervezas, tapear, disfrutar de un concierto de jazz o salir a marcarse unos bailes hasta altas horas de la madrugada. Todo ello recorriendo las misteriosas calles de este barrio cargado de historia y de magia.

Tiene su origen en torno al convento del Carmen Calzado, que le da nombre, y que hoy está reconvertido en el recomendable Centro del Carmen de Cultura Contemporánea. Pero pese a que nació amparado por un convento, el barrio no fue siempre un lugar dedicado al culto. En el siglo xv, época de mayor esplendor histórico de Valencia, una parte importante del barrio era conocido como *La pobla de les fembres pecadrius* (el pueblo de las hembras pecadoras, en valenciano antiguo). Según cuentan las crónicas, fue el burdel más grande y mejor organizado de todo el Mediterráneo, un auténtico Barrio Rojo con su propia seguridad, controles sanitarios, leyes y ordenanzas. En cualquier caso, y de vuelta a la época actual, en la **calle Caballeros** y alrededores se concentran multitud de bares, pubs y algunos espacios culturales y tiendas de ropa diferente que

▲ El barrio del Carmen creció entre dos murallas, la musulmana y la cristiana.

merecen mucho la pena. Lo normal es empezar la noche buscando un sitio para cenar, y en los últimos años en la calle Caballeros se ha llenado de relaciones públicas, que tratan de llevarnos a su local con mayor o menor insistencia. Al final de la guía, en el apartado de informaciones prácticas, recomendamos algunos locales para tapear.

Después de cenar nos puede apetecer tomar algo tranquilamente antes de ir a algún local un poco más animado. Precisamente aquí eso no supone ningún problema. Un rincón con duende es la **plaza del Negrito,** llamada así por la estatua de la fuente, que fue la primera fuente pública donde brotó agua potable en Valencia, en 1850. En esta plaza hay bastantes bares y terrazas donde tomar algo a cualquier hora. **Café Negrito** (plaza del Negrito, 1) es el más clásico y si se nos hace tarde siempre tiene buen ambiente para alargar la noche.

Un pequeño tesoro bastante desconocido del Carmen, incluso para muchos valencianos, es **Christopher cócteles** (Pinzón, 17), que se encuentra en una perpendicular poco transitada de la calle Quart. Es un lugar perfecto para tomar un buen cóctel entre máquinas de escribir y fotos de cine clásico, en el sótano de este bar cargado de encanto. Otros locales acogedores del barrio pueden ser **Café Sant Jaume** (Caballeros, 51), que conserva su decoración de antigua farmacia y tiene una agradable terraza o **Café Bolseria,** en el corazón del barrio, un lugar perfecto para disfrutar de la noche valenciana. Merece la pena asomarse al cercano **Café Infanta** (Tossal, 3), por la decoración encantadora del local, aunque la calidad-precio y el servicio no siempre sean los mejores. Si preferimos ver un buen concierto de jazz o escuchar música en un ambiente íntimo y relajado tendremos que ir a **Jimmy Glass Jazz Bar** (Baja, 28), clásico del barrio con aires neoyorkinos. Si por el contrario somos más de heavy metal, deberíamos asomarnos a **Inmortal** (Sant Dionís, 3).

Ahora que ya nos apetece salir a pubs más animados también tenemos multitud de opciones. Si nos gusta la música latina y más comercial no hay que dejar de visitar **Fox Congo** (Caballeros, 35). En **GONG** (Concordia, 3) –antes Pinball– podemos encontrar conciertos y música varios estilos: soul, rock, indie o funky. En **La Flama** (Roteros, 1) encontraremos el mejor rock, hard-rock y metal. Probablemente el pub más frecuentado del barrio es **Radio City** (Santa Teresa, 19) donde también organizan conciertos, jam sessions y proyecciones. El estilo que pinchan los DJ suele ser cercano al drum´n bass y siempre está muy animado.

▲ El barrio del Carmen se caracteriza por el ambiente bohemio y desenfadado.

| RUZAFA

Si se tienen dos tardes o noches en Valencia, lo normal sería dedicarle una al Carmen y otra a Ruzafa (Russafa), aunque dependiendo del ritmo que llevemos y los sitios que queramos conocer se pueden visitar también en la misma jornada.

Desde hace unos años, este antiguo poblado árabe y barrio de tradición obrera, asociativa y multicultural se ha convertido en la auténtica zona de moda de la ciudad (de hecho se le conoce como el soho valenciano), arrebatándole un buen número de asiduos a las noches del Carmen. Parece ser que primero llegaron los artistas a montar sus estudios, atraídos por el ambiente y los precios asequibles, y poco a poco, aprovechando el tirón cultural, fueron apareciendo los espacios, comercios y bares diferentes y, por qué no decirlo, también subiendo los precios.

Esta explosión artística se puede apreciar en todo su esplendor cada dos años en el **Russafart,** una bienal del barrio que se viene organizando desde 2008, donde los artistas abren las puertas de sus estudios y talleres al público. En definitiva, es un punto de encuentro para todos los curiosos del arte.Se celebra el primer fin de semana de junio.

El barrio orbita alrededor de la **iglesia de San Valero,** conocida coloquialmente como *la Catedral de Ruzafa,* y el recomendable **mercado de Ruzafa,** excelente mercado cada vez un poco más turístico con aroma a otros tiempos del que se nutren los restaurantes de la zona. La oferta es realmente amplia y variada, con multitud de cafeterías, bares, pubs, restaurantes... que casi siempre buscan destacar de una manera más o menos innovadora. Lo mejor es ir callejeando por las calles Literato Azorín, Denia o Cádiz y sus adyacentes y seguro que encontramos algún espacio original que nos llama la atención.

Ubik Café (Literato Azorín, 13) y **Slaugterhouse** (Denia, 22) son dos curiosos cafés-librerías muy de moda, donde se puede desde tomar un café tranquilo a media tarde a cenar algo o tomar unas cuantas cervezas hasta bien entrada la noche. *Slaugterhouse* quiere decir "matadero" en inglés y toma su nombre porque precisamente antes era una carnicería de barrio, lo que aún se deja notar en la disposición del local y ciertos elementos decorativos. No deja de ser una buena metáfora de la transformación que ha sufrido la zona. Igual que **La Fusteria** (Cádiz, 28), que como su nombre valenciano nos indica, es una antigua carpintería con bastante encanto, "en permanente proceso de rehabilitación". Es un buen lugar donde probar la cerveza artesanal valenciana Zeta.

▲ Ruzafa ha ido ganando, en los últimos años, un público cada vez mayor, convirtiéndose así en una de las zonas de más ambiente de la capital.

• • • • • • • •

Mercado de Ruzafa

⊠ Plaza del Baró de Cortés.

☎ 963 744 025.

🕐 Lunes a sábado: 7.30 h-15 h. Domingo cerrado.

🚌 14, 35.

📱 https://mercatderussafa.com/

Para ver música en vivo el mejor sitio es **Café Mercedes Jazz** (Sueca, 27), local íntimo que suele programar conciertos de importantes figuras del jazz. Y ya después de cenar y para salir a bailar o tomar unas copas hasta más tarde también hay muchas opciones. Los valencianos suelen ir a **Electropura** (Pintor Salvador Abril, 20) o a **Xtra Lrge Playground** (Gran Vía Germanías, 21). En el primero hacen interesantes conciertos acústicos los sábados por la tarde y por la noche se baila indie. El Xtra es un espacio multicultural con tres salas diferentes con DJ y que cierra a altas horas de la madrugada. No extraña que el horno más famoso de la zona, abierto toda la noche, se llame **El Horno de los Borrachos** (Sueca, 3), toda una institución de la noche valenciana.

POBLATS MARÍTIMS

Los cinco barrios marineros de Valencia producen un fuerte contraste entre la lujosa Marina Real Juan Carlos I y los barrios populares de pescadores con ese toque tan pintoresco. Esto también puede apreciarse en la oferta de ocio nocturno que nos encontramos. El barrio del Cabanyal-Canyamelar se ha puesto de moda y junto a tabernas originales y bohemias con ambiente retro como **La Paca** (Rosario, 30) –muy cerca del Teatro El Musical–, donde podemos tomar buenas tapas y vermús caseros a buen precio para empezar la noche, están apareciendo nuevos locales y espacios de ocio con mucho tirón. No hay que perderse **La Fábrica de Hielo** (Pavía, 37) sumamente original, que efectivamente fue una auténtica fábrica de hielo y ahora es un amplio espacio cultural independiente cerca del mar, donde podemos ir a tomar algo y además programan muchas actividades.

▼ Edificio Veles e Vents en la Marina Real Juan Carlos I.

En la propia extensión de la terraza del edificio Veles e Vents y sus alrededores, la zona de la nueva Marina Real, se encuentran algunos pubs y restaurantes con ambiente más glamouroso y sofisticado. Cualquiera de las terrazas que encontramos en la extensión del edifico tienen una oferta parecida, tipo *lounge.* Desde aquí podemos recomendar **High Cube** (Marina Real Juan Carlos I, 5), conocido por su emblemática terraza que se adentra sobre las mismas aguas del puerto y donde se puede tomar desde una cerveza tranquila por la tarde a una copa con animadas sesiones hasta bien entrada la noche, o **Akuarela Playa** (Eugenia Viñes, 52) con su gran terraza para bailar todo tipo de música, desde la electrónica y el house pasando por la música comercial.

Por la zona hay bastantes discotecas de verano, pero quizá la más pasable sea **La 3 Club** (Av. de Blasco Ibáñez, 111), de estilo indie y house, que se encuentra en un lateral justo al final de la avenida del Puerto.

▲ El barrio de Benimaclet es una de las zonas de la ciudad con gran variedad de comercios y bares.

BENIMACLET

Este barrio obrero y de estudiantes no se encuentra en ningún recorrido turístico, pero puede interesar al viajero que tenga un poco más de tiempo y le apetezca conocer un ambiente más alternativo con un sinfín de actividades que no por ello le han arrebatado ese halo de barrio de toda la vida que forma parte innegable de su atractivo. Mucho más tranquilo que Ruzafa, es lo más parecido a un pequeño pueblo, aunque con una fuerte escena *underground,* reivindicativa y propiamente valenciana. Tiene algunas pequeñas calles peatonales de casas bajas con encanto, que parece mentira encontrar en una ciudad como Valencia, y que desembocan en la plaza de Benimaclet, plaza principal donde está la iglesia y uno de los pubs rockeros más alternativos del barrio: **El Glop** (plaza Benimaclet, 3). Para cenar no se ven tantos bares de diseño sofisticado como en el Carmen o Ruzafa, sino más bares populares de tapas y bocadillos, kebabs o pizzerías. Alguno de los pubs son **La Gramola** (Barón de San Petrillo, 9), donde organizan sesiones de café-teatro y podemos escuchar buen blues-rock mientras charlamos o jugamos a algún juego de mesa en sus sofás. O el bar-librería **Kaf Cafè** (Pza. d'Emili Beüt i Belenguer, 7), donde se programan conciertos y recitales.

Finalmente, fuera de estos barrios, en la zona de Mestalla, el mítico **Black Note Club** (Polo y Peyrolón, 15), una sala de conciertos especializada en música negra y en *world music*. Además de los conciertos, se programan *jam session* de blues rock y sesiones con DJ.

Excursiones
por la provincia
de **Valencia**

La ruta del arroz   89
La costa norte
    y la sierra Calderona   95
La costa sur   101
La ruta del vino   106
Por el Alto Turia   109
Hoya de Buñol
    y valle de Ayora   117
Xátiva y la Vall d'Albaida   122
Hacia la ribera
    del Júcar   126

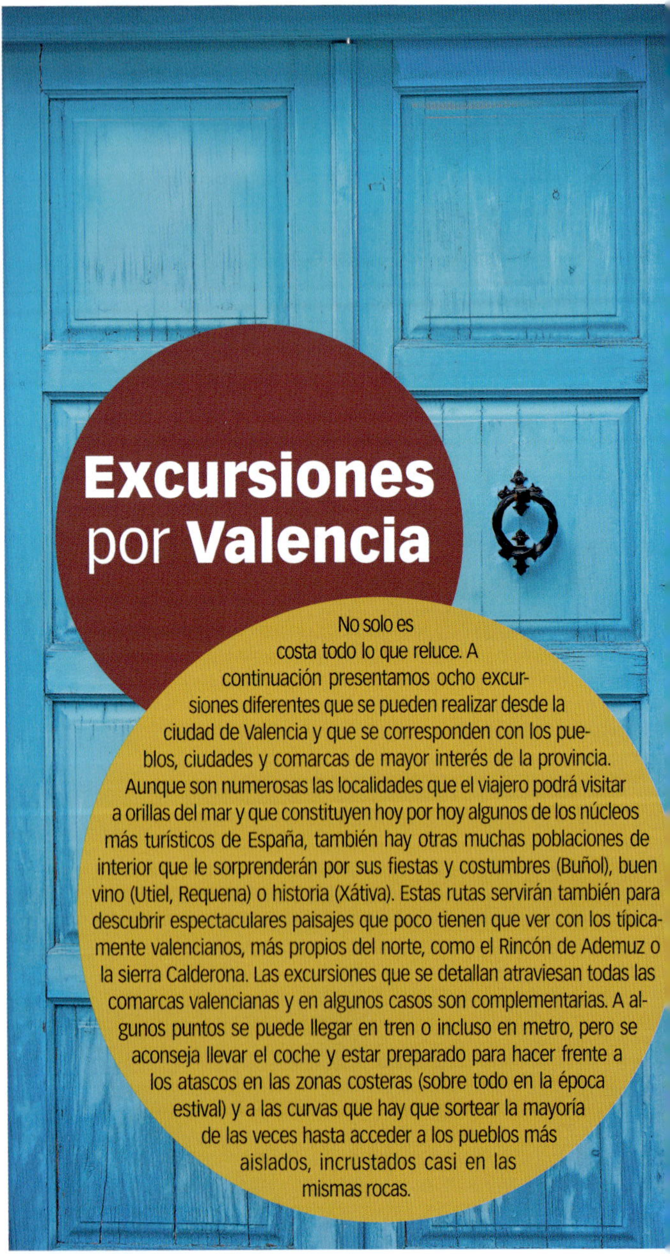

Excursiones
por **Valencia**

No solo es costa todo lo que reluce. A continuación presentamos ocho excursiones diferentes que se pueden realizar desde la ciudad de Valencia y que se corresponden con los pueblos, ciudades y comarcas de mayor interés de la provincia. Aunque son numerosas las localidades que el viajero podrá visitar a orillas del mar y que constituyen hoy por hoy algunos de los núcleos más turísticos de España, también hay otras muchas poblaciones de interior que le sorprenderán por sus fiestas y costumbres (Buñol), buen vino (Utiel, Requena) o historia (Xátiva). Estas rutas servirán también para descubrir espectaculares paisajes que poco tienen que ver con los típicamente valencianos, más propios del norte, como el Rincón de Ademuz o la sierra Calderona. Las excursiones que se detallan atraviesan todas las comarcas valencianas y en algunos casos son complementarias. A algunos puntos se puede llegar en tren o incluso en metro, pero se aconseja llevar el coche y estar preparado para hacer frente a los atascos en las zonas costeras (sobre todo en la época estival) y a las curvas que hay que sortear la mayoría de las veces hasta acceder a los pueblos más aislados, incrustados casi en las mismas rocas.

La ruta del arroz

LA ALBUFERA

Apenas 11 km bastan para pasar de un paisaje plagado de edificaciones modernas a un paraje natural de singular belleza. Desde Valencia se accede a la Albufera en dirección hacia el sur, por la carretera de El Saler que llega hasta Cullera. Declarado Parque Natural en 1986, este humedal es por méritos propios la primera visita que todo viajero debe realizar al poner un pie en la ciudad del Turia. Es cierto que este gran espacio ha sufrido un fuerte deterioro en las últimas décadas, consecuencia directa de la degradación medioambiental provocada por la contaminación y de la construcción masiva de bloques de apartamentos y viviendas para turistas que tuvo lugar en los años setenta en torno a El Saler. Pero continúa siendo una experiencia única pasear en los típicos *barquets* (embaracaciones largas y planas) al amanecer o al caer la tarde, justo cuando los primeros o últimos rayos rebotan en el agua creando un espectáculo visual digno de una postal. El *lluent*, punto más luminoso, se corresponde con la parte central del lago, esa que los árabes describieron como espejo del sol. Estamos en una de las zonas húmedas más importantes de la península, solo comparable al Parque Nacional de Doñana y al Parque Natural del Delta del Ebro.

La palabra Albufera proviene del árabe *Al Buhayra,* que quiere decir pequeño mar. Y eso es lo que es. Un lago de unos 6 km de diámetro, situado al sur de la capital, entre el Mediterráneo y los arrozales, entre las olas y las dunas, formado hace mucho tiempo al depositarse allí los sedimentos de los ríos Júcar y Turia, lo que permitió cerrar este pequeño mar interior de agua dulce. Uno de los más extensos de España, por cierto, ya que en época de los romanos llegó a contar con 30.000 ha, aunque, en la actualidad, solo se contabilicen 2.837 ha. Lo que falta hasta la cifra inicial fue ganado por los agricultores para ampliar su espacio de cultivo, motivo por el que muchos de sus habitantes (ranas, anguilas…) han ido desapareciendo de sus aguas. Y eso que continúa siendo lugar de cita y descanso de numerosas aves migratorias que provienen de Europa Occidental en su paso a otras tierras. Por suerte, y a pesar de los pesticidas presentes en los campos de arroz contiguos, aún es, en los albores del siglo XXI, un paraíso donde encuentran refugio unas 300 especies de aves (ánades, garzas, cigüeñuelas…), de las cuales muchas se reproducen aquí sin mayores problemas.

Centro de Interpretación del Parque Natural de la Albufera Racó de l´Olla

✉ Ctra. del Palmar, s/n. El Palmar. Carrer de Vicente Baldoví, s/n.

☎ 963 868 050.

🕐 Lunes a domingo: 9 h-14 h (bajo reserva).

🚌 Líneas 24 y 25 (parada en el cruce de la CV-500 con la ctra. a El Palmar. Desde la parada existe una acceso peatonal al centro (no se recomienda utilizar esa parada fuera de los horarios del centro).

🌐 https://parquesnaturales. gva.es/es/web/pn-l-albufera

📍 Desde Valencia, se accede por la V-15 (autovía de El Saler) que enlaza con la CV-500.

▲ Arriba, dos estampas del Parque Natural de la Albufera.

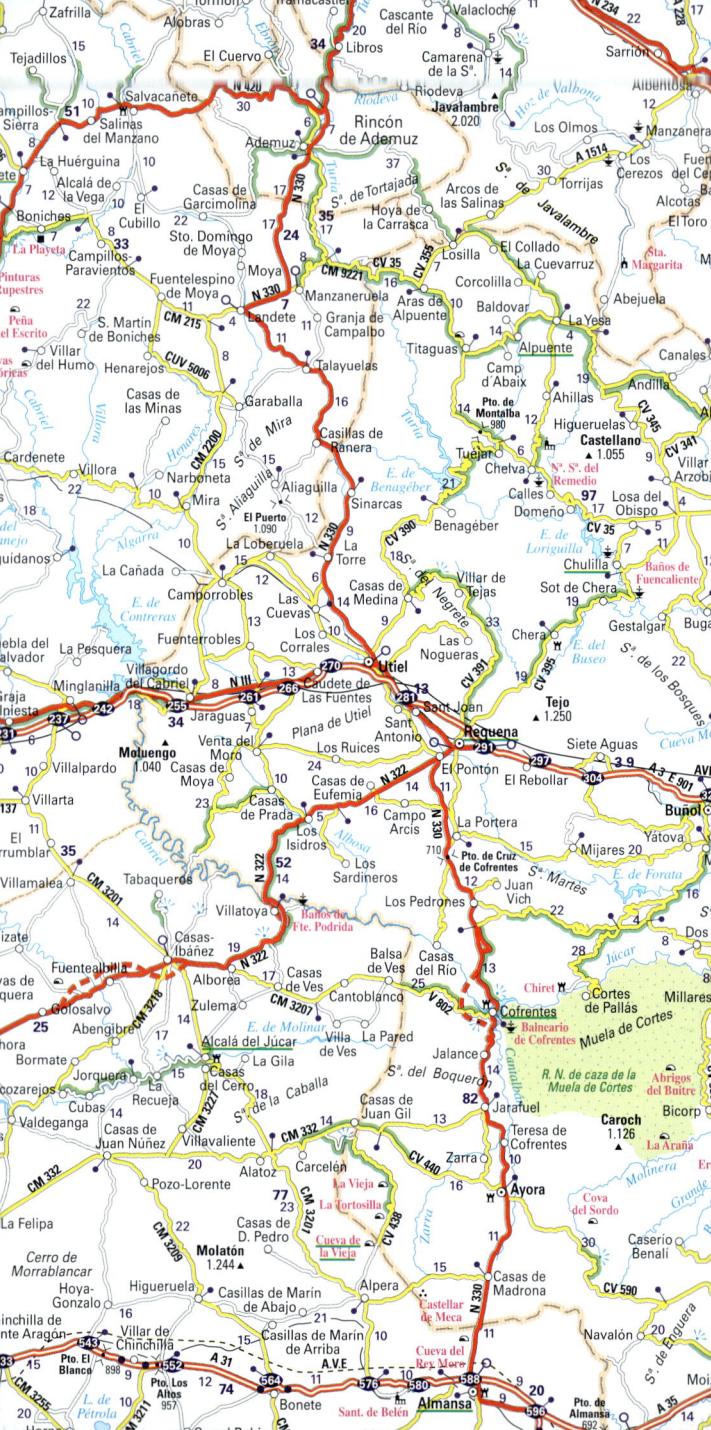

▲ Barcas en la Albufera (izda.) y dos pescadores de El Palmar pescando de la manera tradicional (dcha.).

La Albufera se comunica con el mar Mediterráneo a través de las golas (canales) del **Perelló, Perellonet** y **Pujol,** que regulan mediante compuertas el flujo del agua, según las necesidades del cultivo del arroz. Durante todo el año las esclusas están abiertas salvo en el periodo comprendido entre los meses de noviembre y enero, cuando se cierran las compuertas de la desembocadura de los canales para que el agua suba de nivel y se inunden así los arrozales, que ocupan una extensión aproximada de 18.000 ha.

EL PALMAR

Desde el mirador situado en la primera compuerta y desde el pueblo más típico de la Albufera, **El Palmar,** se puede navegar en barcas manejadas por pescadores. Es fácil contactar con ellos y disfrutar de una excursión para observar la flora y fauna del lago y conocer de primera mano la *isla del Palmar,* en el mismo corazón de la Albufera, a la que se accede después de cruzar tres canales por un camino repleto de adelfas y huertos. La Comunidad de Pescadores de El Palmar regula la actividad pesquera desde el 10 de septiembre de 1250, fecha en que el rey Jaime I les otorgó tal privilegio. Para disponer de *redolí* (derecho fijo de calado) es condición indispensable haber nacido en El Palmar, ser hijo de pescador, estar casado y tener más de 22 años. Hasta hace bien poco, la Comunidad estaba formada en exclusiva por hombres, pero en los últimos años las mujeres han hecho valer sus derechos y ya se puede ver a alguna de ellas utilizando la percha (estaca larga y delgada) desde la barca, tal y como lo describía el valenciano Blasco Ibáñez en su obra *Cañas y Barro.* El madero sirve para desplazar la embarcación y no encallar con el fondo, de aproximadamente un metro de profundidad (en algunas zonas llega hasta los 2 m).

Por supuesto que aquí verá también las típicas barracas, viviendas tradicionales de la huerta valenciana, lamentablemente en proceso de extinción. Son casas de labor, construidas con barro, paja de arroz, madera de chopo, cañas, carrizo, juncos... Cuentan con un techo a dos vertientes muy levantado y dos pisos, el inferior utilizado como vivienda y el superior como almacén. Es posible visitar, tras cuatro años de restauración, la **barraca del Tío Aranda,** genuina por excelencia ya que está considerada como una de las más antigua de la Comunidad Valenciana. En el Palmar también es posible visitar un pequeño **Museo Etnológico,** donde se explica a través de fotografías y paneles informativos el proceso del cultivo del arroz y la vida de los agricultores y pescadores de la Albufera.

Hoy casi todo el que llega hasta El Palmar lo hace con un objetivo claro: cenar en alguno de sus muchos restaurantes, donde nunca faltan, de eso puede estar seguro, los más de cien platos a base de arroz que se pueden realizar y el auténtico *all i pebre,* a base de anguila, capturada en el lago y otras zonas de los alrededores con *mornell,* red en forma de embudo que se coloca en los *redolins* durante los meses de pesca.

▲ Barraca tradicional de la huerta valenciana.

Barraca del Tío Aranda
✉ Francisco Monleón, 36.
☎ 654 63 18 57.
🖥 www.clubalcati.com/
espaciosclubalcati

Arrozales de color

Conviene tener claros unos cuantos conceptos para emprender esta ruta sin riesgo a confundirse. Los arrozales lo dominan todo, pero según sea la época en que se visiten estas tierras, el aspecto y el color serán bien diferentes. El cultivo de la preciada gramínea se realiza en la marjal, esto es, en la parte aterrada del lago. En ella se alternan periodos de inundación, mientras crecen las matas de arroz, con otros de desecación, que se corresponden con la recolección y trilla del grano. Hay que recordar que el arroz es un cereal de verano y, por tanto, durante el otoño los labradores preparan los terrenos en los que va a ser sembrado cubriéndolos por entero con agua. El día 1 de noviembre tiene lugar la *perellonà,* momento en el que se cierran las compuertas de los canales y los campos quedan anegados de agua hasta enero. Adquieren así un color plateado, como si fueran una continuación de la propia Albufera. Mientras, las semillas son germinadas en viveros, y cuando llega la primavera son trasplantadas a los campos, que se pintan de un verde intenso. A mediados de mayo los campos son abonados para acelerar el crecimiento. La recolección se efectúa en el mes de septiembre, cuando los arrozales ya amarillean y las espigas doradas desprenden un intenso aroma. Después de la siega y tras la quema de rastrojos, el color pasa del amarillo al ocre. Por ello, es preciso consultar bien el calendario antes de adentrarse entre arrozales. La época ideal para recorrer la Albufera es la primavera, entre abril y mayo, o el invierno, entre noviembre y enero.

▲ Playa de El Saler.

· · · · · · · ·
🛈 **Oficina de Turismo**
✉ Mercat, s/n.
☎ 962 039 150.
🕐 Lunes a sábado: 10 h-14 h.
🖥 https://suecaturisme.org/es

▼ Ermita de los santos
   Abdón y Senén, en Sueca.

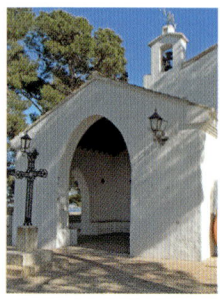

LA DEVESA DEL SALER

Continuamos ahora en dirección al mar, donde las dunas, fijas primero, móviles después, dan paso a una playa de arena fina, quizás la mejor de los alrededores de la capital. A solo 8 km de Valencia, la *playa de El Saler* tiene una extensión de 1 km. La dehesa donde se ubica es una zona rica en vegetación (lirios de mar, pino blanco, zarzaparrillas…) y en espacios de ocio, con uno de los campos de golf más famosos de España.

SUECA

Pero hemos llegado hasta aquí siguiendo el aroma del arroz y, aunque en El Saler se come y muy bien, encaminamos nuestros pasos hasta Sueca (del árabe *Suaiga*) para contemplar los arrozales que rodean esta ciudad, a 33 km de Valencia por la carretera N 332, en cuyos campos se cosechan los mejores granos. Su litoral está formado por interminables *playas* de arena, como las del *Perelló* (con puerto deportivo incluido), *les Palmeretes, Mareny Blau* o *Vega del Mar.*

Su interior, sin embargo, juega a mezclar el pasado con el presente, a través de dos de sus edificios más significativos: la **Real Iglesia de Nuestra Señora de Sales,** del siglo XVII –con un lienzo de la *Virgen de la leche* (escuela de Juan de Juanes) y una cúpula de cerámica azul de Manises– y el **Ateneo,** cien por cien modernista. El **Ayuntamiento,** la **iglesia** parroquial **de San Pedro,** ambas construcciones neoclásicas, el **caserón** también modernista donde vivió el ensayista valenciano **Joan Fuster** y los jardines que se ubican junto a la estación de ferrocarril pueden servir para culminar nuestra visita, que no estará completa sin acercarnos hasta la **ermita** en honor **de los santos Abdón y Senén,** en la cercana muntanyeta del Sants.

Un promontorio rocoso a 27 m de altitud, desde donde se contempla una de las mejores panorámicas de la costa y los campos de la Ribera Baixa.

En septiembre, durante las fiestas, declaradas de interés turístico internacional, Sueca organiza un concurrido y famoso certamen de paellas.

La costa norte y la sierra Calderona

ALBORAYA

Comienza justo donde termina la playa de la Malvarrosa (1 km de distancia) y se compone de tres núcleos de población: el centro urbano, Port Saplaya y la Patacona. El pueblo mezcla playas con una gran extensión de huerta, siendo famosa en todo el mundo por la chufa, un tubérculo cuyo origen es africano y que fue introducido por los árabes en España durante el siglo VII. Cualquier excusa es buena para sentarse en una terraza y degustar una horchata con sus inseparables *fartons,* una especie de bizcochos alargados que combinan a la perfección con la que es una de las bebidas refrescantes más consumidas de Valencia.

Es un pueblo pequeño y acogedor con casitas de colores cálidos (ocres, rosáceos) adornadas con azulejos y cerámica con motivos vegetales tan típicos de la zona. Pintoresco como pocos, posee algún monumento de interés como la **iglesia** parroquial **de Nuestra Señora de la Asunción** (siglo XVIII) y un largo paseo cuyo nombre lo dice todo: la **avenida de la Horchata.** Es aquí adonde se deben dirigir los pasos si lo que se quiere es saborear la horchata más genuina, conseguida a base de las chufas recogidas en las plantaciones cercanas. La **Horchatería Daniel** es posiblemente la mejor horchata de Levante, obtenida siguiendo la más pura tradición artesanal.

Pero Alboraya también son sus playas. En la denominada "pequeña Venecia valenciana", Port Saplaya, el mar y los edificios están perfectamente integrados gracias a su canal y puerto recreativo. La Patacona es la playa más extensa de la localidad ofreciendo al visitante un gran paseo marítimo para disfrutar de las vistas y de la gastronomía de la zona.

Oficina de Turismo

Pº Marítimo de la Patacona, a la altura de avenida del Mare Nostrum, 44.

961 869 211/963 171 700 (fuera de temporada).

Apertura de oficinas de mayo a septiembre.

https://turismoalboraya.es

▼ Port Saplaya, en Alboraya.

Ermita del Miracle dels Peixets
- Camí Sèquia de la Mosquera, 2.

Oficina de Turismo El Puig
- Avda. de la Estación, s/n (Centro Cívico).
- 961 959 029.
- www.elpuigturistico.net

Monasterio de Santa María
- Carrer Lo Rat Penat, 1 A.
- 961 470 200.
- Martes a sábado: 10 h, 11 h, 12 h, 16 h y 17 h. Domingo y festivos: 12 h. LUnes cerrado.
- 4 €.
- www.monasteriodelpuig.org

Museo de la Imprenta y de las Artes Gráficas
- Monasterio de Santa María de El Puig.
- 961 206 490/ 659 463 575.
- Martes a domingo: 10 h-14 h y 16 h-18 h. Domingo y festivos: 10 h-14 h. Verano. 9 h-15 h. Domingo y festivos: 10 h-14 h.
- C6 (parada Puig).
- 112 (parada Platja Pobla de Farnals - Puig).

▲ Monasterio de Santa María.

Dice un refrán que *"quien vive en Alboraya que no se vaya"* y no vamos a sugerir a nadie que se marche sin acercarse hasta la **ermita dels Peixets,** junto a la desembocadura del *barranco del Carraixet,* a la que cada mes de junio los vecinos acuden en romería para conmemorar un milagro acaecido en 1348, cuando fueron encontrados unos peces con formas eucarísticas en sus bocas.

EL PUIG

Desde Alboraya las excursiones y rutas que se pueden comenzar son múltiples, pero nosotros hemos elegido la que culmina en Sagunto. La carretera que nos conduce a esta ciudad de pasado histórico notable nos lleva primero hasta **La Pobla de Farnals,** localidad pionera en esto del aprovechamiento turístico del litoral y que no tiene mayor aliciente que el de sus playas (no son las mejores pero siempre están muy concurridas) y su puerto deportivo.

A 3 km por la A7 (salida 51, a solo 16 km de la capital) sí merece la pena, sin embargo, pararse en **El Puig,** cuyo centro urbano se sitúa junto a las dos únicas colinas de la comarca, muy cerca de la playa. Según la tradición, en una de estas colinas fue encontrada una imagen bizantina de la Virgen del Puig que había sido escondida bajo una campana y que permaneció allí hasta que Jaime I acabó con el dominio árabe. Por ese motivo, el propio rey mandó construir en ese mismo lugar un **monasterio** en honor a **Santa María,** declarado a finales de la década de los sesenta Monumento Histórico-Artístico Nacional. El monasterio sufrió diferentes remodelaciones entre los siglos XVI y XVIII, de ahí los elementos barrocos que se aprecian, pero la **iglesia-santuario de la Virgen del Puig** se conservó siempre tal cual, en estilo gótico, como corresponde a su fecha de construcción (siglo XIV). La iglesia consta de tres naves con capillas en sus laterales y bóveda de crucería. Del monasterio destacan los dos claustros interiores, en los que se aprecian pinturas de diferentes artistas valencianos. También cuenta con un salón Real, biblioteca, refectorio... y hasta un **museo** dedicado a **la Imprenta y de las Artes Gráficas** donde se pueden contemplar todo tipo de artilugios y prensas de madera. La creación del museo tiene su sentido: en 1474 se imprimió el primer libro en España, concretamente en Valencia. Los jueves por la mañana se celebra un animado mercadillo justo en la explanada debajo del monasterio.

SAGUNTO

Después de la visita cultural se impone algo más ligero, quizás baste con un paseo por la playa del Puig, a solo 5 km del pueblo, pero es aconsejable proseguir por la carretera A7 hasta **Canet d'en Berenguer,** a 31 km de Valencia, que ofrece extensas playas de dunas. El pueblo es mucho más tranquilo, pero poco tiene que ofrecer a nivel monumental, salvo algún que otro **palacio** señorial del siglo XVII y la **iglesia** parroquial **de San Pedro Apóstol.**

Estamos a los pies mismos de **Sagunto,** así que no hay que perder el tiempo y recorrer los 2 km que restan para llegar allí, pasear por sus calles empinadas y admirar su imponente castillo. Si no es amante de la historia, quizás le decepcione, así que será mejor llegar a Sagunto con la lección bien aprendida para valorar la muy ilustre y leal villa, tal y como la definió Alfonso XII, en su justa dimensión.

La ciudad se encuentra situada en un lugar estratégico, lo que ha propiciado múltiples disputas a lo largo de los siglos. Cuenta con más de 2.000 años de antigüedad y, aunque ya hay indicios de habitantes durante la Edad del Bronce y los íberos le dieron un fuerte impulso cultural, no es hasta el año 219 a.C. cuando su nombre hace historia. *Saguntum* era aliada de Roma, pero los cartagineses la pretendían. Durante ocho meses Aníbal y sus tropas asediaron la ciudad, cuyos habitantes resistieron hasta el final. Antes de caer en manos cartaginesas optaron por el suicidio colectivo ardiendo junto a sus viviendas y pertenencias en una gran hoguera. Este fue el detonante de la Segunda Guerra Púnica entre Roma y Cartago. De nuevo bajo el dominio romano, la villa fue restaurada por Publio Cornelio Escipión, comenzando una nueva etapa de esplendor culminada con la construcción del teatro, el circo romano y otros monumentos civiles. Sagunto sufrió después la invasión de los pueblos bárbaros y más tarde la de los árabes, que cambiaron su nombre por el de *Murviter,* palabra de la que proviene la actual denominación de la comarca donde se ubica: el Camp de Morvedre. Tras la conquista cristiana de Jaime I, volvió a convertirse en una localidad próspera, pero no fue hasta 1868 cuando recuperó su nombre, Sagunto, de manos del rey Alfonso XII, agradecido con la primera población española en reconocerle como monarca.

La historia más reciente está marcada por la inauguración y posterior cierre de la factoría siderúrgica de Altos Hornos, en el puerto, separado

▲ Vista aérea del castillo de de Sagunto.

Centro de Recepción de Visitantes de Sagunto Casa dels Berenguer
✉ Sagrari, 17.
☎ 637 801 266.
🕐 Lunes a domingo:10 h-18 h. En verano, hasta las 20 h.
🌐 www.saguntoturismo.com

🛈 Oficina de Turismo de Sagunto
✉ Plaça Cronista Chabret, s/n.
☎ 962 655 859.
✉ Plaza Cronista Chabret s/n.
☎ 962 655 859.
🕐 L-V: 9.30 h-14.30 h y 16 h-18 h. S-D: 9 h -14 h.
🌐 www.saguntoturismo.com

▲ Teatro romano de Sagunto.

▲ Arco de entrada a la
judería de Sagunto.

**Castillo, Teatro Romano
y museo histórico**
✉ Carrer del Castell, s/n.
☎ 962 617 267.
🕐 Martes a sábado: 10 h-18 h.
   Verano: 10 h-20 h.
   Domingo y festivos: 10 h-
   14 h. Lunes cerrado.
💰 Gratuita.

**Espacio arqueológico
Vía del Pórtico**
✉ Plaça Antiga Moreria, 9.
☎ 962 655 859.
🕐 Por libre: lunes a sábado,
   14 h-16 h. Guiadas: lunes a
   sábado, 16:30 h. Fines de
   semana y festivos: 10.30 h y
   12.30 h (bajo reserva).
💰 1 €.

Ermita de la Sangre
✉ Sang Nova, 15.
🕐 Sábado y domingos:
   10.30 h- 13.30 h.
💰 La entrada es un donativo.
🌐 https://semanasanta
   sagunto.com

unos kilómetros del casco urbano y uno de los
principales puntos de entrada de gas a la península
por vía marítima.

Estos preliminares son suficientes para en-
frentarse a una visita a Sagunto con garantía de
satisfacción. Lo mejor es ir directos al grano y
encaminar los pasos hacia la Carrer Major, que
desemboca en la **Plaza Mayor,** porticada en parte,
para seguir por la calle del Castell, por la que ya
se inicia el ascenso al **teatro romano.** Fue construido en el siglo I aprovechando la concavidad
de la montaña, ya que se encuentra ubicado justo
en la falda del monte que corona el castillo. Tras
la polémica que levantó su restauración en los
años 90, y que a día de hoy aún perdura (algunos
la consideraron un verdadero destrozo), lo cierto
es que dio como resultado un teatro sin encanto
alguno. Un auténtico atentado contra la historia,
con el que muchos vecinos, sin embargo, estaban
de acuerdo ya ha permitido que se celebre el importante festival de verano: *Sagunto a escena,* el
cual, de momento continúa celebrándose puesto
que la sentencia para su paralización aún no ha
sido ejecutada.

Después de visitar el teatro, es necesario coger
fuerzas para ascender hasta la cima del monte donde se encuentra el **castillo.** El paseo es agradable,
se respira aire fresco de verdad y la panorámica
resulta impresionante. La antigua fortaleza ocupa
aproximadamente 1 km y contiene restos íberos,
romanos, medievales y modernos correspondientes
a las diferentes culturas que en él se asentaron
alguna vez. Declarado también Monumento Histórico Artístico, se encuentra dividido en **plazas.** Las
más importantes son las **de la Ciudadela,** donde
se levantaba la torre de Hércules, y la **plaza de
Armas,** en la parte oriental, donde se conservan
restos del foro municipal y una cisterna tallada en
la roca. En la ladera del monte del castillo, en su
parte septentrional, se encuentra el **Calvario,** rematado por la **ermita de la Soledad.** La verdad
es que hay que echar a volar la imaginación para
llegar a comprender cómo transcurría la vida en la
antigua Sagunto. Para saber algo más de la ciudad,
recomendamos un paseo por las calles-tobogán
que dan paso a la **Judería,** a la que se accede a
través del **portal de la Sang,** arco de medio punto
situado en la misma calle del Castell. Los judíos
vivieron aquí hasta 1492, cuando fueron expulsa-
dos por los Reyes Católicos, y la topografía urbana
se mantiene casi intacta con todo el tipismo y el

espíritu de antaño: casas blanqueadas y callecitas de trazado irregular. Otros lugares de interés en Sagunto son la **ermita de la Sangre**, en la calle de Nueva Sangre, de estilo barroco y cruz latina, el **palacio de Delme**, en la Carrer Mayor, con una fachada con muros de sillería, la **iglesia de Santa María**, interesante obra gótica al igual que el **templo del Salvador**, el **Almudín**, los restos del **templo de Diana** y el **Palacio Municipal** (los tres en la Plaza Mayor), la puerta del **circo romano** y los vestigios del **puente** también romano.

Quien desee realizar compras en Sagunto debe saber que la ciudad cuenta con su propia especialidad artesana, el singular botijo de corcho, recipiente fabricado con la corteza del alcornoque, de forma cilíndrica y aditamentos de metal labrados, que recibe el nombre de colcho o colcha según la disposición del mismo, vertical u horizontal.

Sagunto cuenta a escasa distancia con buenas y extensas *playas* surcadas por bancos de dunas *(Almardá, Corinto, Malavarrosa)*, junto a las que se encuentra el **puerto de Sagunto**, siempre muy activo, con un paseo marítimo bastante animado. Con un gran patrimonio industrial se están llevando a cabo varias actividades para mantener viva la memoria del puerto que tanta actividad tuvo en épocas anteriores. Un plan de lo más interesante es la visita guiada al Horno Alto nº 2 y la Nave Almacén de Efectos y Repuestos del puerto. A eso se suma que desde 2020, está abierto el **Centro de Interpretación de la Vía Verde de Ojos Negros**, espacio informativo y didáctico único para conocer la comarca del Camp de Morvedre y el origen de Puerto de Sagunto a través de la Vía Verde como elemento vertebrador.

PARQUE NATURAL DE LA SIERRA CALDERONA

No debemos desaprovechar la oportunidad de acercarnos hasta la Parque Natural de la Sierra Calderona, muy cerca de Sagunto, y a poco más de 30 km de la ciudad, ya que sus montañas ofrecen un mirador inigualable desde el que contemplar la huerta de Valencia y el conjunto de su golfo hasta el cabo de San Antonio. Desde el litoral se puede acceder a **Serra** y **Náquera**, localidades desde las que se pueden realizar un sinfín de excursiones. Quedan cerca el pico del *monte Garbí* (601 m de altura), la *fuente de Barraix*, la *font del Salt*, el *pico dels Rebalsadors* (798 m)... en definitiva, múltiples posibilidades para los adictos a la escalada y deportes al aire libre.

**Oficina de Turismo
Puerto de Sagunto**
- Av. Mediterráneo, 67.
- 962 690 402.
- Lunes a viernes:
  9.30 h-14.30 h. Sábado y domingo: 9 h -14 h.
- www.saguntoturismo.com

**Visita Horno Alto nº2
Nave Almacén**
- Puerto de Sagunto.
- 611 072 510.
- Viernes: 10 h, 12 h y 17 h (Bajo reserva).
- https://fundacioportdesagunt.com

**Centro de Interpretación
Vía Verde de Ojos Negros**
- Avda. Mediterráneo, 67 (1ª pl. de la Oficina de Turismo del puerto).
- 962 690 402.
- M-S y festivos: 10.30 h-12.30 h (bajo reserva).
- Gratuita.

▼ Monte Garbi, en la sierra Calderona.

▲ Cartuja de Porta Coeli, en el corazón de la sierra Calderona.

Cartuja de Porta Coeli
✉ Ctra. de Porta Coeli, s/n.
☎ 962 122 400.
🌐 https://cartujadeportacoeli.org

Monasterio del Santo Espíritu del Monte
✉ Gilet.
☎ 962 620 011.
🌐 www.santoespiritu.org

Museu de l'Oli
✉ Pilota, 9. Serra.
☎ 675 292 835/ 961 688 443.
🕐 Visitas guiadas previa inscripción sábados y domingos a la 13 h.
🌐 www.serratotnatura.com/es/museu-oli

ℹ **Ayuntamiento de Bétera**
✉ José Gascón Sirera, 9.
🌐 www.beteraturisme.com/es

Para los amantes del arte aquí se encuentra la **cartuja de Porta Coeli,** que aunque pertenece a Serra tiene un mejor acceso desde Náquera. Un cartel nos pone en alerta: "No se visita el Monasterio. Respeten la soledad de la cartuja". No debe impedir esta advertencia echar un vistazo, al menos por fuera, a este precioso edificio rodeado de jardines y huertas, construido en el siglo XIII. La portada es neoclásica y en ella están representados la Virgen, San Juan Bautista y San Bruno. Si pudiéramos acceder al interior (a veces los cartujos dejan pasar a algún visitante), veríamos que el templo está recubierto de mármol traído expresamente de las canteras de Náquera y que en él se encuentran varias pinturas de interés, entre ellas obras de Ribalta y Alonso Cano. Dispone de tres **claustros,** de los cuales el más importante es el gótico con arcos ojivales y bóvedas de arista. En el exterior también es posible contemplar el **acueducto** gótico que se encuentra justo al lado de la cartuja, con 11 arcos apuntados (siglo XV). Existe otro **monasterio,** el **del Santo Espíritu,** en las inmediaciones de **Gilet,** en el valle del Palancia. Por último, el **castillo de Serra,** fortaleza de origen árabe que ofrece unas maravillosas vistas al Parque Natural de la Sierra Calderona. Situado a 536 m de altitud, domina el valle del Turia y se puede ver hasta la costa en los días despejados. Todavía conserva la torre mayor, fragmentos de una segunda torre, parte de la muralla almenada y el aljibe.

⏐ BÉTERA

Para quien quiera visitar los pueblos cercanos a la sierra Calderona, algunas recomendaciones: **Serra,** con su **iglesia** dedicada a **Nuestra Señora de los Ángeles,** y su almazara rehabilitada para albergar desde 2021 el **museu de l'Oli,** y **Náquera,** un núcleo residencial típico de montaña donde se cultivan unas excelentes naranjas y uvas moscatel. Desde aquí no hay mucha distancia hasta **Bétera,** por la carretera CV 310, un pueblo tradicionalmente agrícola donde se pueden degustar sabrosas paellas. Hasta aquí llegan muchos visitantes atraídos por el campo de golf *Club Escorpión.* Ya en el casco urbano, Bétera cuenta con un conjunto de relativo interés formado por un **calvario** y una **ermita** en honor a la **Divina Aurora,** y un **castillo** totalmente restaurado donde se encuentra el museo etnográfico. Junto a la plaza de la Iglesia, se pueden contemplar unos azulejos muy valencianos que representan diferentes estampas falleras. A pocos kilómetros de Bétera Olocau de Carraixet es un encantador pueblo de montaña desde el cual parten numerosas rutas de senderismo por la Calderona.

La costa sur

Esta ruta nos va a llevar por la Valencia más turística. Su clima, cálido casi siempre, y sus largas playas de arena fina y aguas mansas propiciaron en los años setenta un desmedido crecimiento urbanístico a orillas del mar. Hoy, muchas de esas localidades siguen ancladas en aquella década, mientras que otras han sabido adaptarse a los nuevos tiempos con la construcción de edificios más respetuosos con el entorno y amplios paseos marítimos. Pero todos los pueblos coinciden en algo, se dividen en dos: casco urbano y litoral, animadísimo este último en verano y casi desolado en invierno. Hablamos de municipios costeros como Tavernes de la Valldigna, Xeraco, Xeresa, Miramar, Guardamar, Piles o Daimús. Hacia el interior, las playas dan paso a las huertas, donde los naranjales trepan por las montañas, formando un paisaje atractivo, salpicado a veces de monasterios antiguos y alquerías del siglo XIX. Los cuatro destinos que proponemos, están unidos todos por carretera, por la A 7 y la N 332.

CULLERA

Hay que recorrer solo 40 km desde Valencia para poder leer un enorme cartel, clavado en la montaña al estilo Hollywood, donde dice: Cullera. Estamos en la localidad que se reparte con la vecina Gandía la mayor parte del peso turístico de la provincia de Valencia. Lo tiene todo para atrapar a los visitantes: 15 km de playas, monumentos, un puerto deportivo (el único fluvial de la Comunidad Valenciana), buena gastronomía y mejores fiestas. Eso, sin contar con su situación geográfica, a los pies de la montaña de les Rabosses, también llamada **muntanya de l'Or,** la única de todo el litoral del Golfo de Valencia cuya ubicación es especialmente atractiva: junto al río Júcar (navegable en este tramo) y rodeada por varias lagunas y acantilados.

Cullera cuenta con 11 **playas,** que enumeramos de norte a sur: **Mareny de Sant Llorenç** (zona nudista), **Dosel** (dunas de gran valor ecológico), **El Faro** (indicada para el buceo), **Cap Blanc** (ideal para deportes acuáticos), **Los Olivos, El Racó, San Antonio** (las más concurridas al estar junto al paseo Marítimo), **Escollera** (en la desembocadura del Júcar), **Marenyet** (con una torre vigía desde donde se intentaba frenar la llegada de los temidos piratas), **L'Estany** (junto a una

Oficina de Turismo
✉ Pza. de la Constitución, s/n.
☎ 961 731 586.
🌐 https://visit-cullera.es

▼ Vista aérea de Cullera.

Castillo. Museo de Historia y Arqueología
- ✉ Castillo de Cullera.
- ☎ 961 732 643.
- 🕐 Lunes a domingo: 10 h-17 h.
- 💰 3 €.

Refugio antiaéreo
- ✉ Plaza de la Virgen, s/n.
- ☎ 961 732 643.
- 🕐 Jueves y sábado: 10 h-13 h.
- 💰 2 €.

Museo Fallero de Cullera
- ✉ Del Riu, 38.
- ☎ 961 732 643.
- 🕐 Martes, jueves y sábado: 17.30 h-20.30 h. Miércoles, viernes y domingo: 10 h-13 h y 17.30 h a 20.30 h. Lunes cerrado.
- 💰 2 €.

Torre del Marenyet
- ✉ Av. del Marenyet (dirección lago del Estany).
- ☎ 961 732 643.
- 💰 2 €.

Cueva del Dragut
Museo Pirata de Cullera
- ✉ Plaza Dr. Fleming, s/n (Faro de Cullera).
- ☎ 605 992 712.
- 💰 5 €.

laguna de agua dulce) y el ***Brosquil***. Desde el faro y hasta el puerto, la llamada ***bahía de los Naranjos*** es un continuo fluir de bloques de apartamentos.

El turismo de sol y playa no es incompatible con la cultura y mucho menos con la historia. Y Cullera también presume de importantes legados del pasado. El más emblemático es el **castillo** medieval, mandado construir por Jaime I en el siglo XIII sobre las ruinas de una fortaleza árabe. Aunque es cierto que los restos que hoy se pueden visitar no son de excesivo valor, sí lo es la panorámica que desde aquí se consigue. El **museo de Historia y Arqueología** se encuentra en el interior de la capilla gótica del castillo y contiene una valiosa colección de cerámicas, monedas y ánforas de las culturas griegas y romanas. Recoge una reproducción del Bastón de Mando, hallado en la cueva del Volcán, perteneciente al paleolítico superior. En el siglo XIX se añadió al recinto el **santuario de la Mare de Déu del Castell,** en estilo neorrománico, donde se guarda una imagen gótica de mármol del siglo XIV que representa a la Virgen patrona de Cullera. Se puede acceder bien por carretera o bien a través del **calvario**. A los pies del camino en *zig zag* que conduce al castillo (de noche resulta especialmente llamativo por su iluminación), se encuentra el **barreig del Pou,** antiguo barrio extramuros de la época musulmana con calles retorcidas y una torre árabe, la conocida como **torre de la Reina Mora**, habilitada posteriormente como **ermita** dedicada a **Santa Ana**.

Ya en el casco antiguo destacan la **Casa Consistorial,** ubicada en un palacio del siglo XVIII, y la **iglesia** parroquial **de los Santos Juanes,** neoclásica, del siglo XVII, aunque con una capilla gótica original. En la plaza de la Virgen de Cullera, también conocida por Jardines del Mercado, nos encontraremos con las galerías de un **refugio antiaéreo**, que se construyó durante la Guerra Civil debido a los frecuentes bombardeos de los alrededores y que amenazaban a Cullera.

El **museo Fallero**, situado en la casa de la Enseñanza, uno de los primeros colegios públicos abiertos en España (1793), alberga una muestra de *ninots indultats*, un videomapping que se proyecta sobre un ninot en blanco y desde el cual los visitantes pueden ver el proceso de construcción de un ninot de falla o una mascletá como experiencia inmersiva. Otros monumentos de interés son la **ermita dels Sants de la Pedra**, al norte de la montaña de Cullera, la **torre del Marenyet**, de planta circular, construida en tiempos de Felipe II para defender la costa de los piratas o la **Cueva del Dragut**, el pirata turco que saqueó la ciudad de Cullera y donde se ubica el **Museo Pirata**.

| GANDÍA

Ponemos rumbo ahora a Gandía, capital de la comarca de La Safor, a 65 km de Valencia. Una localidad costera que no solo ofrece playas, también montañas y sierra, como el *Montdúver,* con 841 m de altitud, el *barranc de l'Infern* y el *circo de La Safor,* y, por supuesto, huertas bañadas por el río Serpis. Pero como el mar es para la gran mayoría de visitantes que llegan hasta aquí su principal arma de seducción, hacia él vamos. A unos 4 km del casco urbano se encuentra el núcleo residencial del **Grao,** que ha surgido paralelo al puerto y a una extensa playa de 5 km de longitud.

El **paseo Marítimo** que la flanquea separa el arenal de los hoteles y restaurantes que convierten esta zona en punto de encuentro de veraneantes. El **puerto** de Gandía, en sus tiempos muy importante por el comercio de frutas, mantiene una intensa actividad pesquera. Cuenta con una dársena deportiva donde se halla el **Real Club Náutico.** En uno de los tinglados del puerto se ubica el **Museo del Mar,** que posee la *Flota del Polit* de Manuel Estrela, una colección de más de un centenar de fieles reproducciones tanto de veleros antiguos como de embarcaciones modernas.

Una vez hechos los correspondientes honores al mar Mediterráneo llega la hora de recorrer la ciudad, pequeña en dimensiones pero grande en historia. Jaime I se enamoró de ella y también el papa Alejandro VI, de la saga de los Borja, quienes le otorgaron un gran impulso cultural que hizo de Gandía un importante enclave internacional en el siglo xv. Hemos citado a la familia Borja, conspiradores de templo y de palacio, vinculados estrechamente a la ciudad. Conviene acercarse hasta el **Palacio Ducal,** en cuya fachada principal se puede advertir una clara influencia de la arquitectura renacentista italiana. Con todo, es su fachada lateral gótica, la que da a la calle de los Jesuitas, la más llamativa. El edificio está articulado en torno a un gran patio central y en su interior des-

Oficinas de Turismo
Avda. Marqués de Campo, 16.
962 877 788.
Lunes a viernes: 9.30 h-13.30 h y 15.30 h-19.30 h. Sábado: 9.30 h-13.30 h. Domingo cerrado.
Paseo Marítimo Neptuno (frente calle Cibeles).
962 842 407.
Martes, jueves: 10 h-14.30 h. Viernes: 10 h-14.30 h y 15.30 h-18.30 h. Sábado, domingo y festivos: 9.30 h-13.30 h.
Paseo marítimo Neptuno (frente calle Aragón).
962 959 814.
A partir de marzo.
www.visitgandia.com

Museo del Mar
Tinglado nº 15 del puerto.
610 203 148.

Palacio Ducal
Alfonso el Viejo, 1.
962 871 465.
Lunes a sábado: 10 h-14 h y 15 h-19 h. Domingo y festivos: 10 h-14 h. Visitas teatralizadas: domingos alternos de octubre a junio.
8 €. Teatralizada: 10,50 €.
www.palauducal.com

▼ Playa de Gandia.

Museo Arqueológico de Gandía (MAGA)
- ✉ Hospital, 20.
- ☎ 962 959 540.
- ⏰ Martes a sábado: 9 h-19 h. Domingo: 10 h-14 h. Visita guiada: sábado a las 11 h.
- 💳 2 €.
- 🔗 https://maga.gandia.org

Museo Fallero de Gandía
- ✉ Sant Martí de Porres, 29.
- ☎ 960 805 585.
- ⏰ Martes a sábado: 9 h-14 h y 16 h-19 h. Lunes, domingo y festivos: cerrado. Visitas guiadas: 11 h, 12 h, 17 h y 18 h.
- 🔗 https://fallesdegandia.org

Museo de Santa Clara
- ✉ Hospital, 22.
- ☎ 962 959 540.
- ⏰ Martes a sábado: 10 h-17 h. Domingo y festivos: cerrado.
- 💳 2,50 €.
- 🔗 www.museusanta claragandia.com

Oficina de Turismo de Tavernes de la Valldigna
- ✉ Av. de la Marina, s/n.
- ☎ 962 885 264.

▲ Playa de Tavernes de la Valldigna.

tacan el salón de Coronas, la sala Dorada, el salón de las Cortinas, la celda-oratotio de San Francisco de Borja y la cerámica de Manises del siglo XVIII referida a los cuatro elementos. Desde el palacio se accede al **hospital de San Marcos,** del siglo XV, cuyas salas albergan el moderno **Museo Arqueológico de Gandía,** conocido también como MAGA, uno de los dos centros culturales de última generación construidos en la localidad; el otro es el **Museo Fallero.** En el palacio se realizan visitas teatralizadas donde el visitante es recibido por Francisco de Borja y se irá encontrando con algunos de los personajes más ilustres de la saga, como César o Lucrecia.

En la cercana plaza de la Constitución se alzan otros dos monumentos de interés: el **Ayuntamiento,** del siglo XVIII, y la sobria **colegiata,** construida entre los siglos XIV y XV, en estilo gótico. Cuenta con dos interesantes portadas, una sola nave, bóveda de crucería y capillas laterales. Otros edificios notables son el **convento de Santa Clara** y la antigua **Universidad.**

Además del **parc de l'Est,** donde cada sábado tiene lugar el mercadillo al aire libre, la Calle Mayor y sus aledaños constituyen la principal arteria comercial de la ciudad, mientras que en torno a la plaza del Temple y la plaza del Castell se desarrolla la vida nocturna de Gandía, muy activa y animada en cualquier época del año. Aunque para dejarse llevar por el genuino sabor de esta localidad, dos cosas bastan: asistir a un partido de juego de pelota (se practica tanto en la calle como en trinquetes) y saborear una auténtica *fideuà,* similar a la paella pero con fideos en lugar de arroz. Esta es su cuna y eso se nota en el paladar.

Los alrededores de Gandía ofrecen parajes de interés, como *La Llacuna,* el *barranc de l'infern,* el *racó del Duc* y el *pico Montdúver* (842 m), desde el que se obtienen buenas vistas sobre el golfo de Valencia.

TAVERNES DE LA VALLDIGNA

También en las inmediaciones encontramos templos, ermitas y conventos, entre los que destaca el **monasterio de Santa María de la Valldigna,** levantado en el siglo XIV y emplazado en **Simat de la Valldigna.** Saqueado y abandonado tras la Desamortización de 1835, el cenobio fue declarado Monumento Histórico-Artístico en 1970 y en él destacan el Portal Nou y la iglesia. Al monasterio se puede acceder o bien desde Gandía o bien desde **Tavernes de la Valldigna,** otro centro turístico de primer orden, especialmente por su extensa playa, que apenas puede verse, semioculta tras enormes bloques de apartamentos. Situada a los pies de la montaña de *Les Tres Creus,* su único interés monumental reside en las ruinas de **El Castells** y en la **ermita del Santísimo Cristo del Calvario.** Lo mejor son, sin duda, sus alrededores *(sierra de les Agulles)* y el origen de su nombre, derivado de la frase pronunciada por Jaime I: "es la vall digna d'un rei".

I OLIVA
Y llegamos a Oliva, final de nuestra ruta, a 77 km de la capital. Un municipio que, influenciado por Gandía y la cercana Denia (ya en la provincia de Alicante) se ha convertido en otro importante núcleo turístico. Las fantásticas *playas* de dunas que se prolongan durante 10 km *(Terranova, Aigua Blanca, Aigua Morta* y *Les Deveses)* tienen buena culpa de ello, al igual que su **Club Náutico** y **puerto deportivo** que concentra, cuando el tiempo lo permite, a cientos de aficionados al *windsurf.* El deporte es uno de los principales atractivos de Oliva, que cuenta, además, con un campo de golf de 18 hoyos diseñado por el mismísimo Severiano Ballesteros. Pero esta localidad no solo ofrece mar. Su casco antiguo es uno de los más pintorescos de esta zona costera, formado por un entramado de callecitas empinadas y estrechas por las que resulta una auténtica delicia pasear al caer la tarde. En el **Raval**, por ejemplo, está la **calle de la Hoz,** por sus modestas casas, construidas sobre las rocas en el siglo XVI, y su fuerte pendiente resulta una de las más peculiares de Oliva. Entre los monumentos más destacados cabe citar un **horno romano** en la calle Santísimo, la **iglesia** parroquial **de Santa María la Mayor,** del siglo XVII, el **calvario,** las ruinas del **castillo de Santa Ana,** en la montaña del mismo nombre, las casas señoriales (s. XVIII-XIX) de la calle Tamarit y la **iglesia de San Roque,** edificada sobre la antigua mezquita. En la calle Comare se encuentra la **torre del palacio de los Centelles,** del siglo XV y planta casi circular, considerada una de las reliquias más importantes de la Oliva antigua, como lo es también la *Virgen del Rebollet,* la imagen mariana más antigua de la Comunidad Valenciana que se encuentra en el **convento de Nuestra Señora del Rebollet.** El **museo Arqueológico,** con objetos que abarcan desde la Prehistoria hasta el siglo XVI, la **Casa de Mayans,** subsede del **museo de la Ilustración,** con audiovisuales y muebles de época o el **museo Etnográfico,** no quitan brillo al que es uno de los museos más singulares de la costa: el dedicado al actor **Vicente Parra,** nacido en Oliva. Dos últimas recomendaciones: probar las naranjas y acercarse hasta el **Parque Natural de la Marjal de Pego-Oliva,** una zona húmeda con abundante fauna y vegetación.

▲ Calle empinada de Oliva.

▪ **Oficina de Turismo de Oliva**
✉ Paseo Luis Vives, s/n).
☎ 962 855 528.
🕐 Visitas guiadas por el centro histórico de Oliva: invierno, sábados a las 10 h. Verano: miércoles a las 19 h.
🖥 https://olivaturismo.com

Museo Arqueológico
✉ Les Moreres, 8.
☎ 962 854 628.
🕐 Martes a sábado: 10 h-13.30 h y 16 a 19 h (en verano hasta las 20 h). Domingo: 11 h-13.30 h. Lunes cerrado.

Museo Etnográfico
✉ Tamarit, 2-4.
☎ 627 493 688.
🕐 Mismo que el Arqueológico.

Museo Casa de Mayans
✉ Mayor, 12.
☎ 962 851 253.
🕐 Mismo que el Arqueológico.

Exposición Vicente Parra
✉ Mayor, 18.
☎ 962 851 253.
🕐 Visita concertada.

La ruta del vino

"Aquí no hay naranjas". Esta es la frase más repetida cuando los turistas despistados preguntan por qué hay tantos viñedos en torno a Requena y Utiel. A medio camino entre la meseta y el Mediterráneo, esta comarca perteneció hasta hace poco más de un siglo a la provincia de Cuenca, de la que se separó voluntariamente en 1851 para entrar a formar parte de los límites de Valencia. Todavía se respira un cierto aire manchego. El clima y el paisaje han hecho de esta tierra cuna de apreciados vinos, con denominación de origen.

Oficina de Turismo
García Montes, 1.
697 104 824.
www.turismorequena.es

▲ Casco histórico de Requena. Abajo, portada de la iglesia de Sta. María.

REQUENA

El eje principal de acceso a la región de La Plana Requena-Utiel es la A 3 que une Madrid con Valencia. El altiplano que hoy vemos cubierto de viñedos fue en otros tiempos cultivo de moreras: en el siglo XVIII la comarca fue el cuarto centro productor de seda en España. Hoy no queda ni rastro de aquel paisaje, convertido ahora en zona vinícola por excelencia. Nuestra propuesta se inicia en Requena, del árabe *rakkana*, la "segura", la "fuerte roca", llamada así por el lugar donde se asentaba, un peñasco de escasa altura, tal y como se puede apreciar en el llamado **barrio de La Villa,** primer asentamiento humano en la ciudad originado en la época ibérica en su fase inicial (s. VII a. C.). Fue con los árabes cuando logró mayor auge. La Villa es, pues, la parte más interesante de Requena, y conviene empezar por ella la visita. Solo hay que subir la empinada **cuesta del Castillo** para adentrarnos en este peculiar túnel del tiempo que nos brinda su **Torre del Homenaje**. Construida en el siglo X por los árabes cambió su fisonomía en el siglo XV, cuando fue remodelada totalmente en sillería por los cristianos. Tras la torre se puede contemplar la **Alcazaba** y sus murallas y, seguidamente, la plaza del Castillo, en su día **Patio de Armas**. Desde aquí uno se puede adentrar ya en la antigua Medina, donde destacan la **iglesia de Santa María** (con una preciosa fachada de estilo gótico isabelino) y la **del Salvador,** del mismo estilo, aunque fue remodelada al gusto barroco en el siglo XVIII, cuando se reconstruyó la torre-campanario. Las estrechas callejuelas nos llevarán por la **casa del Arte Mayor de la Seda,** la **casa de Santa Teresa** (donde se cuenta que vivió la santa)... hasta llegar a la **plaza de Albornoz,** más conocida como la plaza de la Villa, donde se encuentra el acceso principal a las **cuevas de la Villa,** entramado de cavidades subterráneas sobre las que se asienta Requena. Bajo el suelo del casco urbano se esconden 300 cuevas que, de estar unidas, permitirían recorrer la ciudad sin ver la luz del sol. Algunas de estas cavas fueron usadas como refugios de guerra, osarios y silos, aunque su uso más común era el de bodegas. Después de mucho escarbar en la toba caliza, y tras una cuidada restauración, hoy en día el subsuelo forma casi un museo visitable, donde se pueden ver tinajas de arcilla, botellas y diferentes útiles con muchos años de antigüedad que nos dan idea de la importancia que ya tenía la elaboración del vino en Requena desde la Edad Media. Para finalizar la visita a la medina, hay que pasear por la **calle de la Cárcel** (ahí están la prisión y la **casa del Corregidor**) y por la antigua **Judería** que da paso al **arrabal** de **San Nicolás** donde se encuentra la iglesia del mismo nombre (siglo XIII) y el **palacio del Cid,** construido en el siglo XV en estilo gótico sobre los restos de una edificación donde residió Rodrigo Díaz de Vivar, que casó allí mismo a sus hijas, doña Sol y doña Elvira, con los infantes de Carrión.

A través de la cuesta del Santo Ángel llegamos al **barrio del Arrabal** donde emerge la ciudad moderna alrededor de su espléndido paseo, en el que se ha erigido un **Monumento Universal a la Vendimia.** En esta zona los monumentos de mayor interés son la **iglesia del Carmen,** el **convento de las Carmelitas,** del siglo XIII, y el **Ayuntamiento.** Aunque posiblemente prefiera las visitas puramente gastronómicas. El recorrido citado está salpicado de charcuterías y tiendas con escaparates tentadores. En el mes de febrero tiene lugar la Feria del Embutido de Requena, pero no es preciso esperar hasta esa fecha para probar las siete variedades de embutidos destacadas: longaniza, salchichón, sobrasada, morcilla, chorizo, perro (que a nadie asuste el nombre) y güeña. Para mojarlos, cualquier tinto o rosado con Denominación de Origen Utiel-Requena vale. La pasión por el vino viene de lejos: las fiestas de la vendimia, que se celebran a principios de septiembre en honor a la Virgen de los Dolores, son las más antiguas de España.

En las afueras de Requena se pueden visitar algunas bodegas ubicadas en edificios modernistas. Los alrededores de Requena también cuentan con parajes de singular interés, como *Fuente Podrida* (a 32 km en dirección a Albacete), con un manantial de aguas con propiedades minero-medicinales, y el **Parque de la Naturaleza Fauna Ibérica** más cerca, en **El Rebollar,** una de las 26 aldeas que componen el término reque-

▲ Requena, viñedos y uvas de la D.O. Utiel-Requena. Abajo, una de las numerosas cuevas que existen en la Villa de Requena.

nense, donde es posible observar osos pardos, linces, ciervos o lobos y asistir a exhibiciones de cetrería.

UTIEL

Proseguimos hacia Utiel por la A 3, un tramo de carretera que corre casi paralelo al río Magro, que baña la comarca. Carrascas, pinos, enebros y romero alternan con los viñedos. En su paisaje se combina meseta y valle, aunque también montañas, amparado como está Utiel por las sierras del Negrete y Bicuerca. La ciudad no cuenta con demasiados atractivos monumentales, salvo la **plaza de toros** (la más antigua de la provincia después de la de Valencia), alguna casona solariega, el **Ayuntamiento** y la **iglesia** parroquial **de Nuestra Señora de la Asunción,** de estilo gótico isabelino, cuya portada es barroca. Quizás lo más recomendable sea simplemente pasear, a ser posible, por su casco antiguo medieval, antaño amurallado. Al igual que en Requena, se impone en esta ciudad una ruta gastronómica para probar los platos más típicos: gazpacho, morteruelo, ajoarriero… y, por supuesto, catar sus caldos. En Utiel encontramos el **museo del Vino,** instalado en una particular bodega redonda y sede de la Denominación de Origen Utiel-Requena. La Feria Utiel Gastronómica se realiza en el mes de octubre y en ella se puede degustar desde tortas de magras hasta el famoso alajú, dulce típico de la ciudad.

A unos 10 km de Utiel, y ya en plena sierra de Negrete, se encuentra la **ermita de la Virgen del Remedio,** donde se venera a la patrona de Utiel. Pero no es esta la única excursión. También hay que acercarse al *embalse de Contreras,* en el límite entre las provincias de Valencia y Cuenca, donde se alzan los llamados *Cuchillos del Cabriel,* de gran valor ecológico y aptos para todo tipo de actividades: escalada, senderismo… hasta *rafting* en las aguas del río Cabriel. Las *sierras del Tejo* y Negrete son las principales estribaciones montañosas de la comarca. La primera se extiende desde el término municipal de Requena hasta el de Chera, donde se encuentra el único **Parque Geológico** de la Comunidad, caracterizado por peculiares formaciones rocosas existentes en la zona, delimitada por el embalse de Buseo (construido en la primera década del s. xx), el pico Ropé, el pico del Tejo y el río Reatillo. En el parque hay senderos para seguir diversos itinerarios, como los que conducen al mirador de Los Pelados, la ermita de Chera o el *barranco de Umbría,* con un magnífico acantilado que se extiende a lo largo de varios kilómetros. Por su parte, la *sierra de Negrete* continúa en dirección al embalse de Benagéber.

▼ Vendimia en la D.O. Utiel-Requena.

Por el Alto Turia

La sensación que cualquier viajero tiene al adentrarse por la serranía del Turia para acceder al Rincón de Ademuz es la de que se ha equivocado. Nada tiene que ver la imagen de una costa con kilómetros infinitos de arenal, con la que se esconde hacia el interior, en dirección a Los Serranos, una de las zonas más abruptas de la Comunitat Valenciana. El río Turia discurre aquí encajonado entre gargantas y desfiladeros estrechos dando lugar a paisajes bellísimos. Guarecida por las montañas más elevadas de la provincia y en las estribaciones ya de la sierra de Javalambre, esta comarca resulta perfecta para la practicar deportes al aire libre (senderismo, escalada, piragüismo...) combinados con una buena dosis de arte e historia. Los pueblecitos que la circundan, en torno a Ademuz, parecen rescatados de otro siglo.

▲ Vista de Llíria.

LLÍRIA

Conviene hacer las cosas siempre despacio, así que la propuesta es iniciar el recorrido por un lugar de líneas y formas más tranquilas como es Llíria, capital de la comarca del Camp de Turia, a unos 25 km de Valencia por la llamada pista de Ademuz o CV 35 que hasta la población de Llíria es autovía. Esta ciudad es famosa en el mundo entero por su tradición musical, al ser sede de dos de las bandas más prestigiosas de la Comunidad: *La Primitiva,* fundada en 1819, y la *Unión Musical,* en 1903. Resulta fácil perderse por las calles de Llíria, sobre todo por su núcleo comercial,

Oficina de Turismo
Sant Vicent Ferrer, 19.
962 791 522.

La ciudad de la música

Si hay una tradición arraigada en la provincia de Valencia, ésa es la música. Por muy pequeño que sea el municipio o por muy aislado que esté, tenga por seguro que allí habrá una banda. Pero es Llíria la capital de la música de banda por excelencia, cuya tradición se remonta al siglo xix.

A principios del xx ya existían las dos bandas más famosas de la Comunidad incluso hoy en día: El Ateneo Banda Primitiva y la Unión Musical de Llíria. La rivalidad creciente entre ambas propició la división de la ciudad en dos: los partidarios de una u otra agrupación musical que aún en nuestros días mantienen una sana confrontación. Cada una de ellas consta de unos 300 músicos, aunque en las escuelas se estima que son unos 1.000 alumnos los que intentan ingresar en sus filas.

▲ Ruta de los Puentes Colgantes de Chulilla.

Real monasterio de San Miguel
✉ Cerro de San Miguel. Llíria.
☎ 962 781 102.
🕑 Sábados y domingos: 10 h-13 h.
🔗 https://monasterio santmiquel.lliria.org

🏛 **Oficina de Turismo**
✉ De las Eras.
☎ 961 657 979.
🔗 www.chulilla.es

así que lo mejor es dirigirse directamente a la Plaza Mayor donde se encuentra la antigua **casa de la Villa,** de estilo renacentista y planta rectangular. Fue construida como tal en el siglo XVII. Felipe V decidió darle un nuevo uso tras la batalla de Almansa en 1707 para premiar la colaboración de Jacobo Fitz James Stuart, duque de Berwick e hijo del rey Jacobo II de Inglaterra, durante la Guerra de Sucesión. Mandó crear expresamente para él el ducado de Llíria y convirtió el Ayuntamiento en su residencia. Posteriormente, en 1818, un nieto suyo, también duque de Llíria, se casaría con la duquesa de Alba, ascendentes directos de la rama de la familia que hoy conocemos.

En esta misma plaza llama la atención la poderosa fachada de la **iglesia de la Asunción,** dividida en tres cuerpos a modo de retablo con diversas estatuas que representan a San Pedro, San Pablo, la Virgen, San Vicente Mártir, San Vicente Ferrer y San Miguel Arcángel, este último en el interior de una hornacina ubicada en la parte superior. El interior del templo es barroco y está rematado por una impresionante cúpula. En Llíria se pueden llevar a cabo dos itinerarios interesantes y bien distintos: uno, gatronómico (aquí se pueden comprar buenos vinos además de turrones y peladillas procedentes de la cercana Casinos) y otro, religioso. Si opta por este segundo, resulta indispensable la visita a la **iglesia de la Sangre,** claro ejemplo del arte medieval mediterráneo declarado Monumento Histórico Artístico Nacional. Pero sobre todo merece la pena seguir las indicaciones hasta el **Real monasterio de San Miguel,** en lo alto de un cerro desde donde se puede respirar a pleno pulmón mientras se divisa una estupenda panorámica. La iglesia data del siglo XVIII y se encuentra en proceso de restauración.

CHULILLA

Está claro que a estas alturas el visitante ya habrá satisfecho su espíritu. Es el momento de emprender camino hacia Los Serranos, habitada en tiempos remotos por los romanos. Desde Llíria tenemos que seguir por la CV 35 y pasar por Domeño y Casinos (no olvidar bajar del coche a comprar dulces) hasta llegar a Losa del Obispo desde donde parte una carretera, la CV 394, que nos lleva directamente a Chulilla, a unos 6 km.

Impresionante es la única palabra que puede utilizarse para definir la extraordinaria panorámica que se consigue desde el pequeño mirador que se sitúa frente al castillo de esta pintoresca localidad. Incrustado prácticamente en la roca, su distribución es horizontal, amoldándose sus 250 m de murallas a la especial orografía del monte, que cae sobre el cauce del Turia como si estuviera cortado con un hacha. No es de extrañar que Chulilla sea un auténtico paraíso para los amantes de la escalada, que pueden disfrutar de paredes verticales de 160 m de desnivel y 10 m de anchura.

Otros parajes de interés cercanos a esta singular localidad son la ruta de **los Puentes Colgantes,** de gran belleza que transcurre por la Hoces del río Turia, mientras se bordea la parte superior de los cortados y se cruza de un lado a otro a través de dos puentes colgantes. Asimismo, el *Charco Azul, Peña Mosén,* el *salto de Chulilla,* la *montaña de la Muela,* y la ruta que comienza en la *fuente de la Rinconá* y termina en el cercano pueblo de **Gestalgar**. Visto lo visto, el pueblo, de apenas 1.000 habitantes, puede pasar completamente desapercibido; su único edificio de interés es la **iglesia de Nuestra Señora de los Ángeles**. Su verdadera esencia reside en los alrededores antes citados y en el **balneario de Fuencaliente**, a solo 4 km, que goza de gran fama por la calidad de sus aguas.

| CHELVA

Hay que volver de nuevo a la carretera principal, la CV 35, para continuar hacia Chelva, dejando a mano izquierda el embalse de Loriguilla. Lo mejor es iniciar el recorrido turístico por la **Plaza Mayor,** donde se emplaza el **Ayuntamiento**, **La Posada** (antiguo palacio árabe) y la **iglesia** arciprestal **de Nuestra Señora de los Ángeles** (1626-1702), con planta de cruz latina y una gran nave central. Resulta de especial interés su fachada, típica del barroco valenciano, construida a modo de retablo y dividida en

[i] Oficina de Turismo
[✉] Av. Madereros, s/n.
[☎] 962 100 165.
[🖥] www.turismochelva.es

▼ Pasarela de madera del *Charco Azul* en Chulilla.

▲ Vista de Chelva.

Museo Arqueológico
✉ Callejón del Hospital, 3.
☎ 962 100 165.
◷ Sábados: 10 h-14 h.
🖥 https://museo.chelva.es

cuerpos con columnas dóricas, jónicas y corintias en cada uno de ellos. Como se puede apreciar, las hornacinas están vacías, ya que las esculturas que las llenaban fueron destruidas en 1936. Atención a su torre-campanario, con un original reloj de 1887 que no solo da las horas: también el día y el mes. Saliendo de la iglesia, bajamos hacia el **barrio del Arrabal** por la calle Caballeros, donde se encuentra el antiguo **Ayuntamiento,** cuya planta baja está formada por cuatro arcos. El del centro da paso al **barrio Judío.**

El **Museo Arqueológico** está ubicado en el espacio donde estaba el antiguo hospital del siglo XVI, en pleno corazón del barrio andalusí de Benacacira. Once vitrinas muestran más de 100 piezas arqueológicas recuperadas del yacimiento de la Torrecilla.

De verdad que merece la pena perderse por las empinadas y empedradas callejas de Chelva que ni siquiera de noche dejan de tener ruido de fondo: el rumor del agua que mana de sus numerosas fuentes es un buen compañero para el paseante. De entre todas ellas, la **fuente de la Gitana,** ya en las afueras, es la más querida por los habitantes. Enclavada en un barranco, cuenta con más de 20 caños y está profusamente decorada con azulejos. En las inmediaciones, apenas a 1 km, a la derecha de la plaza de toros, nos encontramos con la **Torrecilla,** torre-vigía que ha sufrido múltiples reconstrucciones y cuyos últimos moradores fueron los carlistas, que desde allí dominaban todo el valle de Chelva.

El **Museo Forestal** se conforma de una donación efectuada por los naturalistas Blanca Aznar y Francisco Blat con una importante colección de insectos y herbario, fósiles y herramientas y material forestal.

Llegados a este punto se pueden seguir dos rutas de interés. Una, en dirección al **acueducto** romano de

Museo Forestal
✉ Av. Madereros, s/n.
☎ 962 100 165.
◷ Lunes a viernes: 9 h-14 h.
Sábado y domingo:
9.30 h-13.30 h. Festivos:
9.30 h-13.30 h.

▲ Acueducto de Peña Cortada.

Peña Cortada, muy cerca del municipio de **Calles,** llamado así por el gran corte vertical que se puede observar en la roca, abierto por los romanos para posiblemente transportar agua entre Chelva y Llíria. El acueducto se conserva bastante bien y en él destaca el puente que apoya sus muros en los flancos del *barranco de la cueva del Gato,* con dos enormes pilares que alcanzan casi los 30 m de altura.

A unos 10 km de Chelva se encuentra la otra excursión posible, la **Vía Ferrata El Remedio,** que asciende al *pico del Remedio* (1054 m) desde el **santuario de la Virgen del Remedio,** donde encontraremos un área recreativa.Cerca de **Ahíllas** se encuentra la aldea de **Mozul,** totalmente rehabilitada respetando su encanto medieval. Hay más zonas de interés, sobre todo paisajístico, en torno a Chelva, como son los *chorros de Barchel,* zona de cascadas junto al Turia, *Molino Puerto,* área recreativa para disfrutar junto al río, y la aldea de **Villar de Tejas,** cercana ya al *pico de la Atalaya,* de 1.157 m de altitud.

Vía Ferrata El Remedio
✉ Parking del Santuario del Remedio. La aproximación se hace aprovechando la senda PR-CV 91 (marcada de blanco y amarillo).
🌐 www.turismochelva.es/quehacer/via-ferrata-el-remedio

ⵏ TUÉJAR

Volvemos de nuevo a la CV 35 que marca nuestro recorrido hasta llegar a Tuéjar, rodeado de viñedos de los que se obtiene un muy buen vino blanco con Denominación de Origen Alto Turia. Conviene hacer parada y fonda en este pueblecito, de calles empinadas y magnífica ubicación, para comprobar la calidad de sus embutidos de orza (lomo, longaniza, morcilla y chorizo) mientras se planifica alguna excursión. Los alrededores son el mayor atractivo de Tuéjar, que cuenta con un único monumento de interés: la **iglesia de Nuestra Señora de los Ángeles,** con una cúpula recubierta de teja árabe en dorado y azul. La mayoría de los visitantes que llega hasta aquí lo

🛈 Oficina de Turismo del Alto Turia
✉ Ctra. CV 35, km 73.
☎ 961 635 084.
🌐 www.altoturia.es

. . . .
El Azud.
Nacimiento del río Tuéjar

✉ Para acceder al paraje
cogemos, 100 m antes del
desvío al núcleo urbano, a
mano derecha, el camino
asfaltado en el que se
indica "Nacimiento del Río
Tuéjar", o bien, tras cruzar
el puente sobre el río la
pista a la derecha.

hace impulsado por el deseo de conocer *El Azud,*
o lo que es lo mismo, el nacimiento del río Tuéjar,
afluente del Turia, rodeado de una exuberante vegetación y punto de partida de numerosos senderos.
Aquí mismo se alza el *Área recreativa El Azud,* donde
se pueden alquilar bicicletas de montaña, realizar
paseos a caballo o pescar truchas. Muy cerca, a solo
3 km, una visita más cultural: las **pinturas rupestres**
de **Corrales de Silla.**

EMBALSE DE BENAGÉBER

Estamos ya a 74 km de Valencia en medio de murallo-
nes rocosos, desfiladeros y gargantas, inmersos en un
paisaje digno del norte de España. Tuéjar es el mejor
lugar para acceder a otra maravilla de la naturaleza,
especialmente generosa en esta tierra. El trayecto que
discurre entre este pintoresco pueblo y el embalse de
Benagéber es realmente impactante. La construcción
del embalse, concluido en 1955, supuso el sacrificio
de un pueblo, Benagéber, que quedó cubierto por las
aguas. Sus habitantes fueron trasladados a tres nuevos emplazamientos: San Antonio de Benagéber (cerca de Paterna), San Isidro de Benagéber (en Bétera)
y Nieva (al lado del pantano), que cambió su nombre
por el de Benagéber. Cuando el sol se refleja en el
pantano es como si se duplicaran sus dimensiones
(cota de coronación: 530 m; altura máxima, 110 m;
capacidad del embalse: 228 hm^3). Este espectacular
lago artificial tardó en ser construido la friolera de
40 años. El agua que se almacena está destinada a
Valencia, su área metropolitana y sus fértiles huertas.
En sus inmediaciones se levanta un gran *centro de
vacaciones,* habilitado para la práctica de senderismo,
montañismo, cicloturismo e incluso vela. Muy cerca,
dos parajes de excepción: *Valdeserrilla* (con una reserva de animales) y *Sinarcas,* donde se encuentra
la *fuente natural del Charco Negro.*

TITAGUAS

Para salir de este maravilloso entorno no queda más
remedio que volver a Tuéjar y proseguir por la carretera hasta Titaguas, tras superar el puerto de la
Montalbana. Se trata de un municipio rodeado de
uno de los bosques más frondosos de la Comunitat
Valenciana, con parajes que harán las delicias de
los amantes de la naturaleza, como son La Hoyuela,
La Tosquilla, La Caballera y Molino Quemado, todos
en torno al Turia. Los que quieran hacer una parada
en el pueblo deben saber que su mayor aliciente es
puramente gastronómico: buenos vinos y riquísimos
mantecados.

▼ Embalse de Benagéber.

ALPUENTE

Desde Titaguas tendríamos que continuar por la CV 35 hasta Aras de Alpuente, último paso antes de llegar al Rincón de Ademuz. Sin embargo, conviene desviarse apenas 15 km por la CV 345 para visitar Alpuente, pintoresco pueblo donde los haya que da la bienvenida al viajero desde un mosaico de azulejos junto al Ayuntamiento, ubicado en la **torre de Aljama,** almenada, en cuyo piso superior tuvo su sede, en el siglo XIII, la Lonja de Contratación. Ubicado en un collado, Alpuente conserva parte de sus murallas y, en un alto, sobre un precipicio, restos de su antiguo castillo medieval, al que es posible acceder. A sus pies, la **iglesia** arciprestal **de la Virgen de Gracia,** construcción en sillería del siglo XIV, de estilo gótico, con una curiosa torre octogonal. En cualquier caso, no hay que andarse con rodeos: lo mejor aquí es pasear sobre el suelo empedrado y contemplar las vistas para después acercarse hasta La Yesa donde se halla el **acueducto de los Arcos,** de estilo gótico, con 13 arcos. Interesante, porque, además, la carretera pasa por debajo de uno de ellos.

ARAS DE ALPUENTE

La cumbre más elevada del término municipal de Alpuente es la *Muela de Santa Catalina* (1.511 m), que también comparte espacio con la ya citada Aras de Alpuente, a la que es mejor acceder por la CV 35 pasando por Titaguas. De nuevo el paisaje lo llena todo, con precipicios que encajonan al río Turia muy cerca de las áreas recreativas de La Araña, Los Rubiales, La Cocinilla, Los Mangranos, Pino La Legua y Agua Tomás. En La Muela se encuentra la **ermita de Santa Catalina** desde donde se contemplan los viñedos del valle en su máximo esplendor.

RINCÓN DE ADEMUZ

Y llegamos, por fin, al Rincón de Ademuz, auténtica sorpresa para los sentidos, por su estallido de colores y aromas (también sabores) que inundan esta abrupta comarca. Desconocida para muchos, esta isla de interior a medio camino entre Cuenca y Teruel nada tiene que ver con el resto de la Comunitat Valenciana y sin embargo pertenece a ella. Una de sus jotas nos saca de dudas: "No somos aragoneses y tampoco castellanos, estamos entre mojones pero somos valencianos".

El río Turia (llamado en esta zona Blanco) recorre el Rincón de norte a sur partiéndolo en dos y drenando, junto a sus afluentes Ebrón y Vallanca (también conocidos como Castiel y Boilgues), las tierras

Oficina de Turismo
Av. San Blas, 19.
650 845 424/962 101 228.
https://alpuenteturistico.com

▲ Vista de Alpuente.

Oficina de Turismo
Plaza de la Villa, 1.
978 783 100.
Viernes: 16 h-18 h. Sábado: 10.30 h-14 h y 16 h-18 h. Domingo: 10.30 h-15 h.
https://rincondeademuz.info

Oficina de Turismo Ademuz
Fuente Vieja, 10.
673 505 131.
Viernes: 9 h-14 h. Sábado: 9 h-15 h.
https://ademuzconlos5sentidos.com

▲ Proximidades de Ademuz (foto superior) y ermita de la Virgen de la Huerta (foto inferior).

que encuentra a su paso. La comarca limita al norte con la sierra de Javalambre y al oeste con las últimas estribaciones de los Montes Universales, donde se levanta la Cruz de los Tres Reinos (1.555 m), llamada así por ser el punto donde convergían los reinos de Aragón, Castilla y Valencia y donde sus respectivos monarcas podían limar asperezas sin abandonar sus estados. En la **Puebla de San Miguel,** uno de los pueblos que lo conforman, se yergue desafiante el *monte Calderón* o alto de las Barracas, que presume de ser, con sus 1.839 m, el punto más alto de la Comunitat. Además, en la sierra de Tortajada se encuentra el bosque de sabinas más exuberante de la provincia.

En el Rincón de Ademuz viven unos 3.500 habitantes repartidos en los siguientes municipios: Ademuz, Casas Altas, Casas Bajas, Castielfabib, Puebla de San Miguel, Torrebaja y Vallanca. Recomendamos hacer una visita breve a todos ellos, por sus paisajes y gastronomía (tortas de nueces y miel, sobre todo), aunque recomendamos encarecidamente dos de ellos: Ademuz, que da nombre a la comarca, y Castielfabib.

Ademuz se encuentra en la margen derecha del río Turia y cuenta con una peculiar distribución urbanística al estar colgado literalmente en la ladera de la montaña de los Zafranes. Calles estrechas y empinadísimas, algunas escalonadas, con casas muy similares: aleros de madera, balcones corridos y viejas rejas. El mejor ejemplo lo encontramos en la **Plaza Mayor,** con casas de barandas torneadas y un **Ayuntamiento** rehabilitado según marca la tradición, con arcos medievales de factura gótica. En Ademuz quedan algunos restos de su **castillo,** bajo los que destaca el campanario de la **iglesia de San Pedro y San Pablo** (siglo XVIII), aunque es la **ermita de la Virgen de la Huerta,** de estilo románico, el principal monumento de este pueblo.

A solo 10 km, pero subiendo, se encuentra **Castielfabib,** el punto más septentrional del Rincón, a más de 1.000 m de altura, sobre un peñasco en la margen derecha del río Ebrón. Quedan restos de su **castillo** romano, aunque sin duda su monumento más importante es la **iglesia de la Virgen de los Ángeles,** del siglo XIII. Un detalle: cada punto de interés del pueblo está marcado con un cartel explicativo. A nivel lúdico-festivo, diremos que lo más reseñable en Castielfabib, aparte de su ubicación y su miel, son sus fiestas (en febrero y septiembre), donde es tradición el volteo de las campanas de la iglesia con los mozos abrazados a ellas.

Hoya de Buñol y valle de Ayora

Esta ruta nos va a llevar por dos comarcas bien diferentes entre sí. Una, la Hoya de Buñol, con exceso de visitantes en los campeonatos de motociclismo de Cheste y la famosa fiesta de la Tomatina en Buñol y otra, el valle de Ayora, con defecto de turistas durante todo el año, por ser más bien una zona aislada y solitaria donde podremos descubrir la Valencia interior más auténtica, que da paso a su vez a la comarca llamada La Canal de Navarrés, con Enguera como principal referente.

CHESTE

El punto de partida vuelve a ser Valencia. Hay que seguir la A 3 hasta el desvío que nos llevará directamente a Cheste por la CV 50. El paisaje hasta aquí es suave y el principal aliciente de la localidad, el **circuito de velocidad Ricardo Tormo,** llamado así en honor al campeón mundial valenciano. Se sitúa a unos 4 km del casco urbano y está precedido por una escultura dedicada al motorista. Dispone de capacidad para unas 165.000 personas y presenta un trazado de 4.005 m, con una recta de 876 m y 14 curvas. Desde su inauguración, esta zona de enlace con la comarca de Huerta Oeste ha alcanzado una gran popularidad y sus visitantes ya se han acostumbrado a convivir con los fanáticos del deporte de las dos ruedas. Quien quiera dar una vuelta por sus calles encontrará un pueblo de lo más normal y tranquilo, con una **plaza del Ayuntamiento** cien por cien valenciana, en la que llama la atención el **edificio de la Sociedad Agrícola y Caja Rural,** repleto de azulejos. Aunque en estos momentos esté en proceso de rehabilitación, conviene echar un vistazo a la **iglesia de San Lucas,** con fachada neoclásica, y, sobre todo, a su esbelta torre-campanario de 51 m de altura. En ella destacan sus seis **campanas** del siglo XVIII cada una de las cuales está dedicada a un santo: San Lucas, Virgen de la Soledad, Santo de la Piedra, San Andrés, San Antonio de Padua y Santa Rosalía.

CHIVA

Poca distancia hay entre Cheste y Chiva, que da nombre al campo donde se ubica, en llano totalmente, salvo la cercana sierra donde se alza el pico

Oficina de Turismo
María Carbonell,14.
960 616 261.
https://chesteturismo.wordpress.com

Circuito Ricardo Tormo
Autovía del Este, salida 334.
962 525 220.
www.circuitricardotormo.com

Ayuntamiento de Chiva
Plaza Gil Escartí, s/n.
962 520 006.
www.chiva.es

▲ Festival de La Tomatina de Buñol.

Oficina de Turismo de Buñol
✉ Molino de Galán (acceso por la plaza Cardenal Cisneros).
☎ 653 672 174.
🖥 https://turismolahoya.buñol.es

Castillo
✉ Castillo de Buñol, s/n.
☎ 647 462 908.
🖥 Visitas guiadas: 8 €.

▼ Vista de Buñol.

de Santa María. Un pueblo de puro trámite donde destacan, únicamente, la **fuente del Torico**, en honor a las fiestas de la localidad, y el **santuario de la Virgen del Castillo,** en la cumbre de un cerro, que guarda en su interior pinturas de José Vergara y esculturas de su hermano Ignacio.

BUÑOL

Continuamos por la carretera (de nuevo, la A 3) para llegar a Buñol, con un relieve más pronunciado al estar situado entre la sierra de Malacara y la propia hoya de Buñol. Esta localidad, bañada por el río que le da nombre, es famosa en el mundo entero por **La tomatina** que tiene lugar el último miércoles de agosto con motivo de las fiestas patronales. En ellas participan miles de personas a las que no le tiembla el pulso a la hora de enzarzarse en un peculiar combate, arrojándose tomates maduros, transportados en varios camiones hasta el centro de la población, entre la plaza de la Villa y la calle del Cid. Ese día, prohibido el coche. Los que quieran acercarse desde Valencia pueden coger el tren a primera hora de la mañana (la batalla empieza a las 11 h) e ir preparados para recibir una buena tunda. El vestuario: bermudas y camiseta.

Además de tan señalada fiesta, Buñol tiene otros atractivos, al menos los tuvo, porque desgraciadamente su **castillo** ya no es lo que era. En sus tiempos fue una importante fortaleza que defendía la entrada a Valencia por el desfiladero de Cabrillas. En 1836 los habitantes de la localidad comenzaron a construir casas dentro de sus límites tras liberarse de su dependencia de los condes de Buñol. Esto, junto a los destrozos sufridos durante la Guerra de la Independencia, provocó años más tarde el derrumbe de un trozo de su muralla y con ella varias viviendas.

Desde entonces ha sido objeto de arduas restauraciones, fruto de las cuales podemos ver el torreón de la puerta norte, con doble arco abocinado, la torre del homenaje, el torreón de la puerta sur y la estructura de una iglesia. Como condado, Buñol nació en 1604 iniciando una etapa no demasiado fructífera. La villa había tenido su relevancia durante el dominio árabe y los siglos siguientes, pero cayó en picado en 1609, tras la expulsión de los moriscos. Pasó mucho tiempo hasta que Buñol logró encontrar gentes dispuestas a cuidar los campos y activar la economía como lo hacían ellos. En la antigua iglesia del Salvador (siglo XIII), en la zona residencial del castillo, que durante siglos albergó el panteón de la familia Mercader, se encuentra el **museo Etnológico,** muestra de las labores agrícolas tradicionales, de otras profesiones así como material y menaje doméstico de los últimos siglos.

No demasiado lejos del castillo, el **parque de San Luis** es un buen lugar para el descanso. En él se encuentra la ermita de San Luis Beltrán, templo de estilo neogótico que consta de una pequeña cúpula con bóveda de crucería y un altar y que sustituyó a otra que quedó arruinada a causa de una inundación.

CORTES DE PALLÁS

Desde Buñol hay que seguir ahora por la VP 3031 que pasa por Macastre, bañada por el río Magro, hasta llegar a Cortes de Pallás, no sin antes atravesar un sinfín de curvas. Que no le asalten las dudas, vale le pena (y mucho) soportarlas para llegar a este municipio cuyo eslogan lo dice todo: "Bienvenidos a Cortes de Pallás, un mundo aparte". Lo primero que llama la atención es la presa, un complejo hidroeléctrico de gran magnitud sobre el que se eleva un viaducto de 280 m de longitud y 115 m de altura. Este *embalse,* que contiene aguas del río Júcar, encuentra su complemento en otro más pequeño situado en lo alto de La Muela, a la que se puede acceder por un camino de vértigo junto al murallón rocoso de La Cortada. Las vistas son espectaculares. Cuando se llevaron a cabo las obras de ingeniería para realizar este gran complejo se puede decir que la vida de Cortes de Pallás se vio completamente alterada. Tiene su encanto, sobre todo, por su ubicación, y resulta una delicia pasear por sus calles en las que no destaca ni un monumento, solo la **iglesia** (siglo XVIII) con su cúpula azul y el edificio del Ayuntamiento, tan moderno que no pega con el contexto. Por aquí se dejan ver muchos ciclistas y también cazadores, provenientes de la *Reserva Nacional de Caza de Muela de Cortes,* muy cerca, con 36.000 ha en las que se reparten jabalíes,

¡ Oficina de Turismo
✉ Av. Sánchez Urzaiz, 5B.
☎ 608 715 153.
🌐 www.cortesdepallas.es

▼ Embalse de Cortes de Pallás.

▲ Castillo de Cofrentes.

- - - - - - - - -

ⓘ Oficina de Turismo de Cofrentes
✉ Plaza de España, 6.
☎ 961 894 316.
🌐 www.cofrentes.es

- - - - - - - - -

Balneario de Hervideros
✉ Balneario, s/n.
☎ 961 894 025.
🌐 https://balneario.com

- - - - - - - - -

ⓘ Oficina de Turismo
✉ Tánger, 2.
☎ 961 897 171.

- - - - - - - - -

La Cueva de Don Juan
☎ 961 897 171.
💻 Consultar su web.
💶 7 €.
🌐 www.cuevadedonjuan.es

- - - - - - - - -

ⓘ Oficina de Turismo
✉ Virgen del Rosario, 35.
☎ 961 890 658.
🌐 https://ayora-turismo.es

liebres, perdices… Si le interesa más la arquitectura, no demasiado lejos se encuentra también el **castillo de Chirel** que conserva un buen trozo de muralla.

▌ COFRENTES
Conviene hacer esta ruta con tiempo, debido a la sinuosa carretera que hay que retomar para enlazar después con la N 330, si lo que se quiere es seguir hacia Cofrentes, tal y como proponemos, emplazado ya en el valle de Ayora, aunque algunos lo llaman valle de Cofrentes. El tramo del río Júcar comprendido entre Cortes de Pallás y Cofrentes es navegable, pero llegando ya a esta localidad lo primero donde fijará su vista es en las dos inmensas columnas de humo procedentes de la central nuclear que se encuentra en su término municipal, y que tiene previsto su cierre definitivo para el 30 de noviembre de 2030. El pueblo en sí no es demasiado grande pero vale la pena bajarse del coche y contemplar las vistas que se obtienen desde sus miradores, sobre todo desde el de la Fuente Millarenca. Cofrentes está cercada por dos ríos, el Júcar y el Cabriel, y su ubicación, en un alto, le proporciona encanto. Su **castillo** romano, construido sobre uno árabe, tiene una de sus partes semiderruida y otra rehabilitada con no demasiado buen gusto. Muy frío, quizás. Su elemento más importante es la torre del homenaje. En la parte alta del pueblo se encuentra la **iglesia de San José** y por todas partes murales de azulejos donde se narra la historia de Cofrentes por episodios numerados. Pero sin duda lo que ha dado y da fama a Cofrentes es su **balneario de Hervideros,** a solo 4 km, con aguas bicarbonatadas recomendadas para enfermedades hepáticas y digestivas.

▌ JALANCE
Interesante combinación central nuclear-balneario la de este pueblo que tiene un hermano casi gemelo a 6 km por la N 330 llamado Jalance. Más de lo mismo: un **castillo** (este mejor conservado), calles empinadas y azulejos narrando la historia de la localidad. Es un pueblo con encanto, donde se recolectan jugosos melocotones, al que acuden muchos excursionistas para visitar la cercana *cueva de Don Juan,* a la que se accede por una pista forestal que corre paralela al río Júcar. También resulta interesante, no muy lejos, el paraje natural de *El Moragete.*

▌ AYORA
La N 330 nos llevará hasta nuestro siguiente destino, Ayora, pasando por Jarafuel (productor artesano de herramientas agrícolas: bastones, cayados…). La

localidad que da nombre al valle es la más grande de la zona y posee dos exquisitos atractivos turísticos: su miel (aquí se encuentra la Asociación Nacional de Apicultura) y su gazpacho ayorino, con carne de pollo o conejo y torta hecha con harina y agua. Después de alimentar bien el cuerpo se impone una visita para hacer bien la digestión. Hay que subir una gran pendiente hasta alcanzar el **castillo**. Su origen es medieval y de él queda una gran puerta y la torre del homenaje. En el barrio de los Altos desde el que se accede al castillo se encuentra la **iglesia de San Blas,** conocida también como la de arriba, por su ubicación. Es de estilo gótico y cuenta con una sola nave. Si a este templo se le conoce como el de arriba, parece lógico que haya alguno más abajo. Y así es: en el centro de Ayora está la **iglesia de Nuestra Señora de la Asunción,** también gótica, con un cuadro de Vicente López en su interior, y, en el barrio moro, la **iglesia de Santa Lucía,** erigida sobre una antigua mezquita. En las inmediaciones, el paraje más recomendado para hacer una excursión es el **Castellar de Meca,** a unos 15 km, un antiguo poblado ibérico amurallado a más de mil metros de altitud con aljibes excavados en la roca. Los vistas son sorprendentes.

| ENGUERA

La CV 590 nos permitirá adentrarnos en la comarca de La Canal de Navarrés, con Enguera y su sierra formando uno de los enclaves montañosos más importantes de la Comunidad Valenciana. Un recorrido por las calles de Enguera nos permitirá conocer la **iglesia de San Miguel Arcángel,** del siglo XVII, con una sola nave y una torre-campanario construida en piedra de sillar de 60 m de altura, y el antiguo **convento de los Carmelitas.**

El mercadillo que se celebra en la calle del Patriarca todos los sábados pasa por ser el más animado de la zona, bullicio que comparte también la cercana **Anna,** con su albufera, un paraje acogedor que se llena de gente los fines de semana. En realidad, toda la comarca está salpicada de pinares y parajes naturales interesantes, como la *cueva de la Araña,* en Bicorp, y los *abrigos del río Grande,* ambas con magníficas muestras del arte rupestre levantino. Entre Millares y Dos Aguas, el río Júcar ha ido labrando a lo largo de los siglos impresionantes cañones. Desde Enguera se pueden realizar un sinfín de excursiones más (el mirador del Salto en Chella, Bolbaite, Navarrés...) y una visita inexcusable a Xátiva, pero ésa ya es otra historia.

▲ Palacio e iglesia de San Miguel Arcángel de Ayora.

● ● ● ● ● ● ● ●

🛈 **Oficina de Turismo de Enguera**
✉ Pza. Comunidad Valenciana, D, 1.
☎ 663 342 024.
🖥 www.enguera.es

Xátiva y la Vall d'Albaida

XÁTIVA

• • • • • • •

Oficina de Turismo
- Av. de Selgas, 2.
- 962 273 346.
- Martes a jueves: 10 h-17 h. Viernes: 10 h-18 h. Sábado, domingo y festivos: 10 h-14 h. Lunes cerrado.
- www.xativaturismo.com

• • • • • • •

Colegiata Basílica de Santa María de Xátiva (Museu de la Seu)
- Plaza de la Seu, 6.
- 962 273 836.
- Martes a viernes: 10.30 h-13.30 h. Sábado, domingo y festivos: 11.15 h-14 h.
- 3 €.
- www.seudexativa.org

▼ Panorámica del castillo de Xátiva.

Xátiva, la capital de la comarca de La Costera, la ciudad de las mil fuentes, de origen romano, se asienta sobre la falda de un monte, a escasos 60 km de Valencia, por la N 430 hasta el desvío que nos trae directamente aquí, a los pies de su emblemático y bien conservado castillo. Este es el principal monumento de una ciudad repleta de historia. Su fama le llegó durante el dominio árabe, cuando aquí funcionaba un taller de papiros que eran exportados a Oriente y a Occidente. Esta tradición propició la aparición en 1150 de la primera fábrica europea de papel, hecho a base de paja y arroz. No es de extrañar por tanto que se convirtiera en una ciudad influyente en su época, acrecentando su poder tras la reconquista de Jaime I en 1244, quien trató de forma deferente a Xátiva. Una etapa de esplendor truncada por el rey Felipe V, que cogió especial odio a la ciudad que apoyó sin concesión al archiduque Carlos de Austria durante la Guerra de Sucesión. El monarca mandó quemarla.

Un punto de partida en la visita es el **jardín de la Alameda** para después callejear y alcanzar la plaza de Calixto III, donde se encuentra la **colegiata de la Asunción,** del siglo XVI, también conocida como la Seu, con estructura similar a la de una catedral, en la que conviven diferentes estilos: gótico, renacentista y barroco. Destaca, en el exterior, la barroca Porta dels Escalons y, en el interior, el altar del Nazareno y el **Museo de la Seu,** en el que se pueden ver piezas prehistóricas, retablos medievales, trabajos de orfebrería y lienzos de los siglos XV al XVIII. En la misma plaza, el emblemático **Hospital Real,** de estilo gótico florido con pespuntes renacentistas y neoclásicos. La puerta central es plateresca. Al salir de la plaza, en una de las calles que conecta con la Colegiata, llama la atención la **Botica Central,** con una fachada adornada con azulejos muy vistosos. Torciendo por la plaza del Mercado llegamos enseguida al **Museo del Almudín** que destaca por su fachada gótica y su claustro renacentista. El museo se divide en dos: una sección arqueológica y otra artística, con el cuadro emblema del museo: un retrato de Felipe V colgado del revés. En Xátiva no olvidan.

Seguimos por la calle de Montcada, donde se halla el **palacio del Marqués de Montortal** (siglo XVI), y muy cerca el **palacio de Alarcó** (siglo XVIII), para continuar después por la calle de Sant Pere que va a dar a la **iglesia de Sant Pere**, del siglo XIV, con un bello artesonado gótico-mudéjar. Unos pasos bastan para toparnos con la **fuente gótica**. También destacan el **Real Monasterio de Santa Clara** (siglo XIV), la **casa natal de Alejandro VI**, en la calle de Sant Pere, el **convento de Santo Domingo** (siglo XIV), la **casa de Diego** (siglo XVIII), el **convento de San Agustín** (siglo XVII)... Finalizaremos poniendo rumbo al castillo, en cuyo camino toparemos con la **iglesia de San Félix**. Se cree que es una de más antiguas de la Comunidad Valenciana con pinturas medievales (s. XIV al XVI).

El espléndido inmueble de la Casa de la Enseñanza (siglo XVIII) albergar las nuevas salas del **Museo de Bellas Artes** que cuenta con obras de Ribera, Goya, Vicente López, Santiago Rusiñol, Benlliure y Antoni Miró, entre muchos otros.

La **fortaleza**, enclavada en lo más alto de la montaña, está formada por dos castillos llamados Menor, de origen ibérico, y Mayor, romano, aunque la mayor parte de los torreones y de las murallas sean de origen árabe y gótico. Del Menor tan solo quedan algunas puertas, sin embargo, el Castillo Mayor está muy bien conservado. Nada más entrar, una sala de exposiciones donde se hace un repaso a la historia de Xàtiva a través de fotografías y documentos, con un árbol genealógico de la familia Borja y una maqueta de la ciudad. La visita al castillo comienza en el **patio de Armas**, en cuyo lado opuesto se encuentra la **puerta del Socorro** (s. XIV) que en caso de asedio facilitaba la huida a través del valle de Bixquert. Más arriba está el **portal de Santa María** y la **capilla de la reina María**, mandada construir por la esposa de Alfonso V el Magnánimo en el siglo XV. Casi enfrente, la **prisión de Estado de la Corona de Aragón**, una estancia rectangular y sin ventanas bastante tétrica. La parte más alta de la fortaleza se corresponde con las ruinas de la **sala del Duque**, llamada así en honor a Fernando de Aragón, duque de Calabria y virrey de Valencia que estuvo aquí prisionero a principios del siglo XVI. Desde aquí se divisa una bella panorámica con dos ermitas góticas a lo lejos: la de Santa Ana y la Encarnación.

▮ ALBAIDA

Desde Xàtiva nos metemos de lleno en la vall d'Albaida, un valle formado por más de 30 pueblos que comparten una tierra peculiarmente clara, de ahí que los árabes la bautizaran en el siglo VIII como *albayda* (la blanca). Una comarca salpicada de sierras, ermitas y callejones islámicos, casas de labradores, palacios y castillos clavados en las rocas. La entrada

▲ Diferentes rincones del castillo de Xàtiva.

Museo del Almudín
✉ Corretgeria, 46.
☎ 962 276 597.
🕐 Martes a domingo: 10 h-14.30 h.

Museo de Bellas Artes
✉ Plaza Arzobispo Mayoral, 2.
☎ 962 282 455.
🕐 Martes a domingo: 10 h-14.30 h.

Castillo
✉ Subida al Castillo, s/n.
☎ 962 273 346/962 274 274.
🕐 Martes a domingo: 10 h-19 h. Lunes cerrado.

🛈 **Oficina de Turismo**
✉ Plaza Major, s/n.
☎ 607 201 970.

Casa-Museo José Segrelles
- Plaza Pintor Segrelles, 13.
- 606 364 831.
- Martes a domingo y festivos: 10 h-13 h Tardes martes a sábado: cita previa. Lunes cerrado. Agosto cerrado.
- https://museosegrelles.es

Museu Internacional de Titelles d'Albaida (MITA)
- Plaza del Pintor Segrelles, 19.
- 962 390 186.
- Martes, miércoles y domingo: 10 h-14 h.Jueves, viernes y sábado: también de 16 h-19 h. Lunes y festivos cerrado.
- 3 €.
- http://museutitelles.com

Oficina de Turismo de Ontinyent
- Plaza Sant Roc, 2.
- 962 916 090.
- https://turisme.ontinyent. es/ontinyent/web_php/ index.php

▼ Los Charcos, cerca de Ontinyent.

por el norte al valle la tenemos por la CV 40 en forma de autovía que nace en la N 430. Muy fácil llegar desde Xátiva a **Albaida,** a unos 85 km de Valencia al abrigo de la sierra de Benicadell. Aquí nació el pintor José Segrelles (1885-1969). Sus lienzos se encuentran repartidos entre la **iglesia** dedicada a la **Virgen del Remedio** (del siglo XVI) y su **casa museo,** situado justo detrás en un antiguo palacete árabe. En su interior se mantiene tal cual el estudio de Segrelles, con unos 120 cuadros suyos. Aquí vivió durante sus últimos años tras alcanzar gran prestigio internacional gracias a sus ilustraciones para libros, entre las que destacan las del *Quijote* y las de una edición de *Las mil y una noches.* Nada más salir del museo verá el **palacio de los Marqueses de Albaida.** En su estructura destacan tres esbeltas torres y en su interior el interesante **Museo Internacional de Marionetas.**

ONTINYENT

Nuestra ruta continúa en la cercana Ontinyent. El **barrio de la Vila,** que así se llama, fue declarado Conjunto de Interés Histórico Artístico en 1974 y desde entonces sus habitantes se han esforzado en mantenerlo intacto, con todo su sabor medieval. Se accede a él desde la plaza del Ayuntamiento (atención al reloj de sol de la Casa Consistorial) por la llamada Costera de la Bola. Casas amarillas, rosas, verdes y ocres inundan las callecitas en torno a la **iglesia de Santa María,** construida en el siglo XIII en estilo gótico con una sola nave y una gran bóveda. Su portada, sin embargo, es renacentista y su campanario, barroco. En su interior, cuadros de Ribalta, Vicente López y Segrelles, como manda la tradición valenciana. Si el recorrido por las murallas resulta agotador (portal de Sant Roc, Alcázar, Barcavan...) siempre es posible retroceder de nuevo hasta la plaza del Ayuntamiento, en cuyas inmediaciones podemos ver otros edificios importantes, como el **palacio del Conde de Torrefiel,** la **casa del Marqués de Colomer,** la **casa de los Cerdá...** Una de las calles más emblemáticas de Ontinyent es la de Mayans, flanqueada por algún **palacio** más (como el **de los Barones de Santa Bárbara,** del siglo XVIII). Ahí se encuentra también el **templo** barroco **de San Carlos** y muy cerca, en la plaza de la Constitución, el edificio de la empresa textil **Paduana.** En Ontinyent se elaboran mantas de gran calidad, así como colchas edredones y telas. La industria textil está muy arraigada desde la Edad Media. Nada más salir de la ciudad, una recomendación: acercarse hasta el manantial del *Pou Clar,* que en la época de calor, sirve de piscina natural.

I BOCAIRENT

Terminada la visita a Ontinyent tenemos dos opciones: o acercarnos hasta el *altiplano de los Alforins* para probar los excelentes vinos de las bodegas de Fontanars o dirigirnos hasta Bocairent, cuyo trayecto, conocido como El Barranc, no deja indiferente. La CV 81 es la carretera que se ha de seguir, despacio, porque el paisaje bien lo merece. La Real Villa de Bocairent está sentada sobre una roca, por lo que se aconseja hacer una parada antes de entrar a esta pintoresca localidad. Visto de frente es fácil ver las **covetes dels Moros,** una especie de habitáculos a modo de ventanucos excavados en las rocas. No se sabe ni la época en que fueron realizados ni su utilidad, pero son curiosos. Justo detrás de la Casa de la Villa se alza el barrio medieval. La **iglesia de la Asunción,** del siglo XVI, ubicada en el emplazamiento del antiguo castillo, y el **museo Arqueológico** preceden a lo que podría definirse como auténtico laberinto de calles. Todo está perfectamente indicado, basta con seguir los carteles para contemplar casonas, palacios y miradores desde los que observar la sierra Mariola, adentrándose ya en la provincia de Alicante. En el barrio hay rincones inolvidables, callejones sin salida, pendientes imposibles... que ganan en belleza al llegar la noche, cuando todo se ilumina. Para los amantes de la pintura, el **museo Antonio Ferri,** ubicado en la calle Mossén Hilario, ofrece una exposición permanente de las obras cedidas a Bocairent por el pintor. Ya fuera de los límites del casco histórico merece la pena acercarse hasta la plaza de toros, construida en 1843 en la misma roca.

No podemos concluir nuestra visita al vall d'Albaida sin probar los dulces de Bocairent, sobre todo, los *pastissos de les monges*, que en su origen inventaron las monjas agustinas en su convento de clausura.

Oficina de Turismo
Pza. del Ayuntamiento, 20.
962 905 062.
www.bocairent.org

**Museo Arqueológico
Vicent Casanova**
Abadía, s/n. Edificio anexo a la iglesia.
962 905 062.

▼ La ciudad medieval de Bocairent.

▲ Azulejos de cerámica de Manises.

🛈 Oficina de Turismo de Paterna
✉ Major, 3.
☎ 963 053 124.
🕑 Martes a domingo:
9 h-14 h. En verano, de martes a viernes, también de 19 h- 21 h.
🖥 www.paterna.es

Museo Municipal de Cerámica de Paterna
📍 Plaça del Poble, 1.
☎ 963 379 657.
🕑 Martes y jueves: 10 h-13.30 h. Viernes: 16 h-20 h. Sábado: 10 h-14 h y 17 h a 20 h. Domingo de 10 h a 14 h.
💾 Gratuita.

🛈 Oficina de Turismo
✉ Murillo, 3.
☎ 961 525 609.
🖥 www.manisesturismo.es

Museo de Cerámica de Manises (MCM)
✉ Sagrari, 22.
☎ 961 521 044.
🖥 https://museumanises.es

Colección Museográfica de fotografía de Manises Carlos Sanchis (MUMAF)
✉ Av. del Tranvía, 15.
☎ 961 534 310.

▌Hacia la ribera del Júcar

Nuestra última propuesta consiste en explorar la ribera del Júcar, pasando antes por Paterna, Manises y Torrent, con destacables atractivos.

▌PATERNA

A solo 5 km de la capital, Paterna es una ciudad muy activa desde el punto de vista comercial. La industrialización ha permitido despegar a este enclave que, sin embargo, ha perdido una de sus principales actividades, la producción de cerámica. Sus *socarrats*, especie de ladrillos cuya tradición se remonta hasta la Edad Media, ya apenas se fabrican. En cualquier caso, merece la pena acercarse hasta aquí para ver de cerca su **torre árabe,** una construcción cilíndrica en lo alto de una colina, visible desde cualquier punto de Paterna. No en vano mide 15 m de altura. Aunque sin duda lo que más llamará la atención de aquel que visite esta localidad por primera vez es el **barrio de trogloditas** que se extiende a sus pies. Son cuevas que llegaron a ser habitadas por un gran número de personas. El edificio civil más importante de Paterna es el **palacio de los Condes Villa Paterna,** del siglo XVIII, sede actual del Ayuntamiento. En la plaza del Poble se encuentra la antigua Casa Consistorial, donde se ubica el **Museo Municipal de Cerámica,** con piezas de valor de diferentes siglos (del XII al XVII).

▌MANISES

Aunque si de lo que se trata es de buscar cerámica, nada como proseguir el camino hasta Manises, a 7 km de Valencia, donde cada casa aparece rematada por azulejos de vivos colores y motivos casi siempre vegetales. Son más de 700 años de tradición, perfectamente reflejados en el **Museo Municipal de Cerámica,** con más de 4.000 piezas que representan una visión panorámica de las labores producidas en Manises, desde el siglo XIV hasta nuestros días. Pero busquemos más ejemplos de este peculiar arte en la calle, por ejemplo en la fachada de la estación de Tren, con azulejos pintados al estilo del siglo XVIII, la de la antigua fábrica de Francisco Valldecabres y la del Mercado Central. O mejor aún, paseemos por la avenida de Blasco Ibáñez, presidida por un monumento al ceramista manisero, donde se concitan la mayor parte de tiendas y talleres artesanos. El **MUMAF,** la colección de fotografía de Carlos Sanchis, ubicada en el edificio conocido como *El Arte,* construido por Juan Bautista Huerta Aviñó, virtuoso ceramista del reflejo metálico, destina un sitio especial como homenaje a los pioneros de la fotografía en Manises. En cuanto a monumentos, destaca la **iglesia parroquial** cuya cúpula está revestida de azulejos y en el interior hay un gran retablode azulejos que representa la Última Cena.

TORRENT

Antes de adentrarnos en la ribera del Júcar, es recomendable visitar, a solo 3 km de Manises, el segundo municipio de la provincia en lo que a habitantes se refiere (81.245). Con un origen claramente árabe, tal y como lo atestigua su torre medieval, en la Plaza Mayor, que formaba parte de su antiguo castillo, los meses de verano la localidad se llena de turistas que eligen la zona de *El Vedat* como lugar de descanso.

Ayuntamiento de Torrent
Ramón y Cajal, 1.
961 111 111.
www.torrent.es

ALGEMESÍ

Hacia el sur se llega al desvío a Algemesí, una próspera población de la ribera del Júcar, situada a 32 km de Valencia, cuyo mayor atractivo son sus fiestas de la *Mare de Déu de la Salut,* declaradas patrimonio de la Humanidad (en la Oficina de Turismo se ubica el **Museo Valenciano de la Fiesta).** En septiembre se celebran las tradicionales danzas de la Muixeranga, al son del tamboril y la dulzaina en honor a la Virgen de la Salud, que culminan siempre con la creación de una torre humana rematada por un niño. También es típica la Semana Taurina de Algemesí, que no se celebra en ningún coso, sino en la plaza rectangular del Ayuntamiento. El monumento más reseñable es la **iglesia de Sant Jaume** (siglo XVI), con un bello campanario.

Ayuntamiento de Algemesí
Nou del Convent, 71 (Museo Valenciano de la Fiesta).
962 018 630.
www.algemesi.es

Oficina de Turismo de Alzira
Plaza Regne, s/n.
962 419 551.

▼ Iglesia de la Asunción, en Carcaixent.

ALZIRA - CARCAIXENT

A escasos kilómetros se encuentra **Alzira,** desgraciadamente famosa por los frecuentes desbordamientos del río Júcar. De la época árabe quedan aún restos de murallas, aunque sus monumentos más significativos son el **templo de Santa Catalina,** construido en la Edad Media, y la **Casa Consistorial,** ubicada en un palacio del siglo XVI. En los alrededores es posible visitar el **santuario de la Virgen del Lluch** y algunos parajes de singular belleza, como los que pertenecen a la *sierras de Corbera* y *Les Agulles.* Pero la mejor opción sigue siendo continuar hasta **Carcaixent,** rodeado de naranjales, en plena Ribera Alta del Xúquer. Recomendamos simplemente un paseo por sus calles para admirar algunas casas y edificios, como **Correos** y el **Mercado.** A las afueras se encuentra el antiguo **convento de Santa María de Aigües Vives** (S. XVII).

Dónde...

Gastronomía	130
Restaurantes	132
Tapas y horchatas	137
Compras	139
Ocio y deporte	140
Alojamientos	142

GASTRONOMÍA

Salazones, olletas, dulces, verduras, pescado, cocas, arroz. Sobre todo arroz, mucho arroz, preparado de mil formas distintas, en paella o en puchero, en los fogones de una barraca o en la cocina del restaurante de moda más cosmopolita de la ciudad. La gastronomía valenciana es universal y como tal tiene su poso de historia. El mar y la huerta no bastan para justificar la enorme riqueza y variedad de los productos y platos de esta tierra, que ha sabido escoger meticulosamente lo mejor de las diferentes culturas que alguna vez han pisado fuerte en ella. Salmueras de los griegos, gachas de los etruscos, buñuelos de los árabes... Recetas rurales y urbanas, contundentes y calóricas en el interior, ligeras en la costa, con el inconfundible toque mediterráneo, que proporciona sabor a una de las dietas más equilibradas del mundo.

▍Ollas y guisos

En los pueblos que dan la espalda al Mediterráneo, la paella cede su estrellato a las ollas y olletas: de carnes de cerdo, pencas de acelgas, garbanzos, alubias y, por supuesto, arroz. El toque aromático se lo proporcionan los embutidos. Algunos de estos cocidos tienen un origen conmemorativo, como el puchero que se degusta en Bocairent con motivo de la fiesta de San Blas. La carne de caza, principalmente conejo y perdiz, proporciona la base a otro típico plato del interior: el gazpacho, muy parecido al manchego. Especialmente sabroso es el de Ayora, servido sobre una torta ácima, herencia del pasado árabe de los valencianos.

▍Arroces

Por mucho que se hable de la diversidad culinaria que ofrece Levante en general y Valencia en particular, una cosa es clara: el arroz es el auténtico protagonista en la mesa, sobre todo en un día de domingo o de fiesta. Nunca un arroz sabe igual, pero siempre se come de la misma forma, en grupo, rodeado de amigos, herencia clara de la forma de disfrutar de los manjares que tenían los árabes. Fueron precisamente ellos quienes introdujeron la sabrosa gramínea en estas tierras que, en la actualidad, centra su producción en torno a dos grandes núcleos: el sur de la Albufera y las inmediaciones de Sueca. Hay muchas teorías sobre el origen de la paella, palabra que en valenciano quiere decir "sartén" y que proviene del latín *patella*. Lo único que se puede afirmar es que los primeros en probar el que es, sin duda, el plato más famoso de España, fueron los labradores de la huerta valenciana y de la ribera del Júcar, sus creadores. En el siglo XIX la paella dio su gran salto y pasó de ser un simple plato guisado en barracas a referente ineludible en restaurantes y tabernas.

Pero en Valencia no todo son paellas, hay mil formas diferentes de preparar el arroz, platos que adquieren diferente denominación según el recipiente que se emplee en su elaboración. Ahí están los arroces melosos, como el arroz con costra o el *arròs amb bledes* (con acelgas), preparado en cazuelas hondas de barro, y los caldosos, cocinados en calderos, pucheros o peroles, como el famoso y consumidísimo *arròs amb fesols i naps* (arroz con judías secas y nabos), además del arroz negro (coloreado con la tinta del calamar) y el arroz a banda, cocido en el caldo del pescado y servido, si se desea, con *all i oli*. Otro de los arroces más consumidos es el arroz al horno, llamado antes *arros passejat* (arroz paseado), porque no había horno en las casas y había que llevarlo al horno de pan más cercano. Se hacía con los restos del cocido, por lo que supone una buena dosis de energía con morcilla, tocino, garbanzos, pelotas o costillas de cerdo... Otra variente sabrosa y muy típica, sobre todo en Gandía, es la *fideuà*, donde el arroz se sustituye por fideos de diferente grosor (normalmente cortos y anchos) acompañados de marisco sobre un fondo de pescado.

❙ Pescados y mariscos

Estamos en pleno Mediterráneo y sería imposible hablar de gastronomía sin mencionar el pescado. El que se sirve en los restaurantes, y el que se consume en la mayoría de las casas, es fresco, recién captura-do y servido de la forma más elemental posible. En Valencia no gustan los alardes, así que lo tradicional es comer el pescado a la brasa, a la sal, en fritura o inmerso en algún guiso. Los más frecuentes son los *sucs* y *suquet de peix,* acompañados de una salsilla ligera y un puñado de almendras, y las *cassolas,* cazuelas al horno en las que se prepara un sofrito de tomate, cebolla y ajos finamente picados, sobre el que se colocan las rodajas de pescado. Típicamente valenciano resulta también el *all i pebre,* elaborado con anguila, patata y una salsa bastante fuerte que se consigue mezclando ajo, pimienta y, en ocasiones, guindilla. Es un plato tradicional de la Albufera, donde también es posible degustar la *espardenyà,* a base de anguila y pollo. El tapeo no es una actividad muy frecuentada por los valencianos, pero eso sí, cuando deciden ir de picoteo nunca faltan sobre la mesa una abundante ración de clóchinas, sepia o tellinas.

❙ Verduras y frutas

De la huerta valenciana salen algunas de las verduras y hortalizas más solicitadas del mundo, debido a su extraordinaria calidad. Cardos, berenjenas, habas, alcachofas, pimientos, calabaza... que dan lugar a un sinfín de platos. Entre las frutas, la naranja es la reina, sin menospreciar a mandarinas y limones.

❙ Dulces y postres

Estamos en una provincia propicia para los más golosos. Aquí todo está bueno: natillas, buñuelos (típicos en Fallas), roscos de anís, empanadillas rellenas de Oliva, *pastissets* de boniato de Sagunto, alajú, bollos de Requena... El arnadí de Xàtiva es un dulce muy típico de la comarca de la Costera, hecho con calabaza. Y, por supuesto, la horchata de chufas, originaria de Alboraya, servida en copa y acompañada de *fartons* (bizcochos alargados).

❙ Vinos

Dos son las Denominaciones de Origen: Utiel-Requena y Valencia, subdividida ésta en Alto Turia, Valentino, Clariano y Moscatel Valenciano. La D.O. Utiel-Requena abarca una amplia zona de viñedos a medio camino entre la meseta y el Mediterráneo. Clima y paisaje han hecho de esta tierra cuna de buenos vinos, sobre todo tintos y rosados, e incluso de cavas. Por su parte, la D.O. Valencia engloba vinos blancos, frescos y afrutados, tintos con mucho color y cuerpo y licores dulces y amistelados.

❙ Otras bebidas

En las noches de marcha es típico pedir agua de Valencia, pero hay que llevar cuidado, porque entra muy fácil pero lleva ginebra, vodka, cava y zumo de naranja. Y para los más atrevidos, la *cassalla,* un tipo de anís muy fuerte, entre 45 y 50º, que se toma después de las comidas y a veces en los bares de copas.

Restaurantes

VALENCIA CIUDAD

En el centro

Canela
- ✉ Quart, 49.
- ☎ 963 917 538.
- 🍽 Precio medio: 35 €.
- 🌐 http://restaurante canela.es

Muy buena opción para comer arroz en el barrio del Carmen. Cuenta con dos restaurantes cercanos entre sí en la calle Quart. Uno más informal y el otro más sofisticado. Cuidada selección de tapas.

Vuelve Carolina
- ✉ Correos, 8 puerta bajo.
- ☎ 963 218 686.
- 🕐 L-J: 13 h-17 h. y 20.30 h-00 h. V-S: 13 h-17.30 h y 20.30 h-00.30 h.
- 🍽 Desde 30 €.
- 🚌 18, 32, 40, 71, 92.
- Ⓜ L3, L5, L7, L9.
- 🌐 www.vuelve carolina.com

El gastrobar del afamado chef Quique Dacosta (3 estrellas Michelín) en Valencia. Tapas originales de alta cocina a precios accesibles.

El Colmado de LaLola
- ✉ Bordadores, 10.
- ☎ 637 627 247.
- 🕐 J-M: 12 h-00 h. X cerrado.
- 🍽 Precio medio: 20 €.
- 🚌 4, 8, 9, 11, 16, 28, 70, 71.
- 🌐 https://lalolarestaurante. com

Con orígenes en una tienda de ultramarinos, es una oda a todo un clásico valenciano: el espíritu de la *botiga*. Tablas de salazones, ahumados y quesos.

Riff
- ✉ Conde Altea, 18.
- ☎ 963 335 353.
- 🕐 M-S: 13.30 h-15.30 h y 20.30 h-21.30 h.
- 🍽 Precio medio: 85 €.

- 🚌 92, 93.
- Ⓜ L3, L5, L9.
- 🌐 https://restaurante-riff.com

El chef Bernd Knöller sorprende con su alta cocina basada en la excelencia del producto. Quisquillas marinadas con pepino y naranja, navajas con puré de rúcula… Una estrella Michelín.

El Poblect
- ✉ Correos, 8-1º.
- ☎ 961 111 106.
- 🕐 L-V: 20.30 h-22 h. S: 13.30 h-14.30 h y 20.30 h-22 h. D cerrado.
- 🍽 Precio medio: 100 €.
- 🚌 6, 8, 9, 10, 11, 13, 26, 31, 32, 70, 71, 81.
- Ⓜ L3, L5, L7, L8.
- 🌐 www.elpoblet restaurante.com

Restaurante con dos estrellas Michelín donde el cocinero Luis Valls desarrolla una cocina de mercado innovadora y de proximidad bajo la filosofía del chef Quique Dacosta. Entre sus propuestas, títulos tan originales como "cubalibre de foie" o "campo de cítricos".

Ruzafa y Ensanche

Goya Gallery Restaurant
- ✉ Burriana, 3.
- ☎ 963 041 835.
- 🕐 M-X: 13 h-18 h. J-S: 13 h-18 h y 21 h-00.30 h. D: 13 h-18 h.
- 🍽 Precio medio: 35 €.
- 🚌 6, 14, 15, 19, 35, 40.
- 🌐 http://goyagallery restaurant.es

Un acogedor espacio para degustar excelentes arroces y paellas autor en pleno centro de la ciudad. Materias primas de primera calidad, decoración moderna con gusto, buen servicio y un acertado cruce entre cocina tradicional y fusión. Tapas originales. Conviene reservar mesa.

Canalla Bistró
- ✉ Maestro José Serrano, 5.
- ☎ 963 740 509.
- 🕐 L-D: 13.30 h-15.30 h y 20 h-23.30 h.
- 🍽 Precio medio: 35 €.
- 🚌 6, 14, 15, 19, 35, 40.
- 🌐 http://goyagallery restaurant.es

El restaurante del galardonado Ricard Camarena es lo más parecido a un viaje gastronómico por el mundo. Sandwichs de pastrami, tacos, ceviches, ensaladas, postres y sorprendentes. Horario amplio y precios moderados pensados para un publico joven.

Borja Azcutia
- ✉ Almirante Cadarso, 16.
- ☎ 963 161 270.
- 🕐 Todos los días de 13 h-15 h y 20 h- 22.30 h.
- 🍽 Desde 35 €.
- 🚌 13, C2, 92, 93.
- 🌐 www.restaurante borjaazcutia.com

Selecto restaurante famoso por su amor al proceso de la elaboración del arroz.

Ricard Camarena Restaurant
- ✉ Av. de Burjassot, 5.
- ☎ 963 355 418.
- 🌐 https://ricardcamarena. com
- 🍽 Precio medio: 145-195 €.

El restaurante del que sea probablemente el cocinero valenciano más reconocido en la actualidad. Dos estrellas Michelín. Los precios, como en todos los restaurantes de este nivel, no son para todos los bolsillos.

La Salita
- ✉ Pedro III el Grande, 11.
- ☎ 963 817 516.
- 🕐 L-V: 13.30 h-15.30 h y 20.30 h-22.30 h. S-D cerrado.
- 🍽 Precio medio: 110 €.
- 🚌 32.

✆ www.anarkiagroup.com/
inicio/la-salita

Alta cocina imaginativa en este restaurante que se hizo famoso gracias a que su propietaria y jefa de cocina Begoña Rodríguez, fue la ganadora de la 1ª edición de Top Chef. Propuestas creativas, sorprendentes y atrevidas en continua renovación en un ambiente cercano. Excelente bodega.

Playa, marina y poblados marítimos

La Pepica

✉ Paseo Neptuno, 6.
☎ 963 710 366.
💶 Precio medio: 40 €.
✆ www.lapepica.com

Centenario restaurante. Una de las mejores opciones de la zona para comer una buena paella con vistas al mar. Como todos los del paseo de Neptuno ha conocido tiempos más auténticos.

El Coso Del Mar

✉ Paseo Neptuno, 12.
☎ 963 728 213.
🕓 Todos los días: 12 h-23 h.
💶 Precio medio: 30 €.
🚌 19, 32, 92, 95.
🚇 L6, L8.
✆ https://elcoso.es

una de las localizaciones más privilegiadas de toda la ciudad, en primera línea de la Playa de las Arenas. Servicio de cocina ininterrumpido. Su oferta gastronómica se basa en producto de mercado, desde arroces y pescados, pasando por verduras y postres de la tierra.

Casa Carmela

✉ Isabel de Villena, 155.
☎ 963 710 073.
🕓 M-S: 13 h-16 h.
💶 Precio medio: 45 €.
🚌 19, 31, 32.
✆ www.casa-carmela.com

Arroces y paellas a la leña de naranjo en un local clásico al final de la Malvarrosa, al lado de la Casa-museo de Blasco Ibáñez. Fundado en 1922 y decorado con azulejos valencianos, probablemente cocinen las mejores paellas de la zona. Aquí la ubicación se sigue pagando, pero la calidad es excelente.

La Sucursal

✉ Ático de Veles e Vents. Muelle de la Aduana, s/n.
☎ 963 746 665.
🕓 D-L cerrado.
💶 Precio medio: 60 €.
🚌 4, 19, 32.
🚇 L5, L8.

Bajo la dirección de cocina de su nuevo chef, Fran Espí, cocina creativa, de mercado, con una permanente revisión del recetario tradicional valenciano Situado en la tercera planta de Veles e Vents, ocupa un lugar con sus grandes terrazas voladas hacia el mar.

Alameda, Ciudad de las Artes y Oceanográfico

Submarino

✉ L'Oceanogràfic.
☎ 960 627 679.
💶 Desde 40 €.
✆ www.oceanografic.org/ restaurante-submarino

El restaurante se encuentra en la planta baja del Oceanográfico, rodeado de ocho acrílicos que contienen 10.000 peces pelágicos. Ciertamente un entorno espectacular para esa ocasión especial, que –cómo no– repercute en la cuenta.

Contrapunto Les Arts

✉ Palacio de las Artes Reina Sofía.
☎ 675 365 474.
🕓 X-S: 11 h-1 h. D: 11 h-19 h.
💶 Precio medio: 35 €.
🚌 13, 15, 19, 25, 35, 94, 95.
🚇 L10.
✆ www.restaurante contrapuntolesarts.com

Lugar de referencia en el círculo gastronómico de la ciudad. Una cocina sincera es lo que define su carta, productos del mediterráneo a los que se suman pequeños guiños a otras culturas.

Alquería del Pou

✉ Entrada Rico, 5.
☎ 962 110 446.
🕓 13 h-17 h. D cerrado.
💶 Precio medio: 25-35 €.
✆ http://alqueria delpou.com

Especialidad en paellas, arroces y cocina valenciana en general, en esta alquería situada en la escasa huerta que queda cerca de la Ciudad de las Artes. Buena relación calidad-precio.

Parque Natural de la Albufera

Nou Racó

✉ Ctra. El Palmar, 21.
☎ 961 620 172.
🕓 J-D: 10 h-18 h.
💶 Precio medio: 40 €.
🚌 25.
✆ https://nouraco.com

Marco incomparable donde se ofrecen sugerentes entrantes, una variada arrocería, carnes y pescados selectos, todo acompañado de una variada carta de vinos. Terraza chill-out.

Bon Aire

✉ Caudete, 41.
☎ 961 620 310.
🕓 Todos los días: 9 h-16 h.
💶 Desde 20 €.
✆ https://restaurante bonaire.com

Todo un clásico en El Palmar. Especialidad en arroces. Recomendamos decantarse por el *all i pebre* como entrante y luego deleitarse con una paella valenciana o un arroz del *senyoret*. Recomendable reservar sobre todo en fin de semana.

La Genuina

✉ Carrera del Riu, 283. Pinedo, Valencia.
☎ 963 248 663.
💶 Precio medio: 30 €.
✆ www.restaurante lagenuina.com

Hay pocas cosas más típicamente valencianas que comer una buena paella en una auténtica barraca de nada menos que hace 200 años. Cocina honesta a buen precio en Pinedo, pedanía de Valencia que se encuentra situada en la Albufera. En el barrio de Rusafa ha abierto recientemente otro establecimiento.

VALENCIA PROVINCIA

Alpuente

Bar Victoria
- ✉ Av. San Blas, 9.
- ☎ 962 101 002.
- ⏱ M-D: 9 h-17 h. L cerrado.
- 🍽 Precio medio: 25 €.

Para comer bien sin demasiadas pretensiones.

Bétera

La Romana de Bétera
- ✉ Pou Sant Jaume, 9.
- ☎ 621 288 188.
- ⏱ X-J: 13.30 h-17.30 h y 20.30 h-1 h. V-S: 13.30 h-1 h. D: 13.30 h-18 h.
- 🍽 Precio medio: 30-35 €.
- 🌐 https://laromanade betera.com

El hostelero Miguel Orero y el cocinero Josue Urgel cogen el testigo en el mismo local en el que Zulema Duato manejó los fogones durante casi dos décadas. Arroces sobresalientes y un guiño a la Masía de toda la vida. Carnes a la brasa y excelentes arroces.

Bocairent

Restaurante El Cancell
- ✉ Sant Roc, 1.
- ☎ 960 200 506.
- ⏱ X-J: 13.45 h-15.30 h. V-S: 13.45 h-15.30 h y 21 h-23 h. D: 14 h-15.30 h. L cerrado.
- 🍽 Precio medio: 20-30 €.
- 🌐 www.elcancell.com

Platos de cocina tradicional mediterránea, autóctona y de mercado, elaborados a fuego lento y con productos de calidad y de proximidad. Restaurante del hotel L'Agora. Especialidad en arroces, el arroz al horno fue segundo premio en el concurso de arroces de Xàtiva.

Buñol

Posada Venta Pilar
- ✉ Av. Perez Galdos, 5.
- ☎ 962 500 923.
- 🍽 Precio medio: 20 €.
- 🌐 http://posadaventa pilar.com

Antigua venta de caballos del siglo XVII que ha conservado su estilo rústico, Menús económicos y de buena calidad, incluyendo arroces y *fideuà*.

Chelva

El Rincón de los Pacos
- ✉ Av. Mancomunidad del Alto Turia, 20.
- ☎ 962 100 451.
- ⏱ Todos los días:7 h-17 h.
- 🍽 Precio medio: 20 €.

Todo un clásico en la comarca de Los Serranos. En la carta, puchero espeso, olla de pueblo, lomo de orza, costillas de cerdo y embutidos en adobo.

Chiva

Arrocería Las Bairetas
- ✉ Ramón y Cajal, s/n.
- ☎ 962 521 373.
- 🍽 Precio medio: 25 €.
- 🌐 https://lasbairetas.com

Restaurante mediterráneo y arroces a leña.Más de 20 años haciendo arroces.

Chulilla

Las Hoces del Turia
- ✉ Maestro Amblar, 25.
- ☎ 625 564 192.
- ⏱ X-S: 13 h-16 h y 20.30 h-23 h. D: 13 h-16 h. L-M cerrado.
- 🍽 Precio medio: 25 €.
- 🌐 restaurantehoces delturia.es

Espacio en el que te sentirás como en casa. Gran variedad de platos, desde las clásicas recetas a las más innovadoras, con una fusión de culturas que no te dejará indiferente.

Cortes de Pallás

Casa Fortunato
- ✉ Av. Sánchez Urzaiz, 6.
- ☎ 962 517 026.
- ⏱ L-V: 9 h-16 h.
- 🍽 Precio medio: 15-20 €.

Bar con comedor en la planta superior a la entrada del pueblo. Cocina casera tradicional y buenas carnes.

Cullera

Casa Salvador
- ✉ L'Estany de Cullera., s/n.
- ☎ 961 720 136.
- ⏱ 13 h-16.30 h y 20 h-23 h.
- 🍽 Precio medio: 45 €.
- 🌐 http://casasalvador.com

Amplia oferta de sabrosos arroces junto al lago de l'Estany, en un restaurante formado por dos barracas. Probablemente uno de los entornos más bonitos de toda la provincia de Valencia, lo que supone un plus en los precios. Muchos años de experiencia.

Casa Picanterra
- ✉ Picanterra, 3. L'Estany.
- ☎ 961 722 627.
- ⏱ 9.30 h-19.30 h.
- 🍽 Precio medio: 40 €.
- 🌐 https://picanterra.com

Paella, *all i pebre*, pescados... auténtica cocina local. Más informal que Casa Salvador, también cuenta con una terraza con vistas privilegiadas sobre L'Estany.

Casa Rocher
- ✉ Ctra. Nazaret-Oliva, 18. Mareny de Sant Llorenç.
- ☎ 961 760 173.
- ⏱ X-L: 13.30 h-17 h. M cerrado.
- 🍽 Precio medio: 25-35 €.
- 🌐 www.casarocher.es

Recomendable restaurante valenciano con terraza y vistas a la Albufera, en la carretera que va hacia Cullera desde El Saler. Para la calidad que ofrecen los precios no son demasiado elevados. Aquí, además de la especialidad en paellas y arroces, se pueden probar platos tan típicos como el *all i pebre* o la *espardenyà*.

Fontanars dels Alforins

Casa Julio

- ✉ Av. Conde Salvatierra de Álava, 9.
- ☎ 962 222 238.
- ⏱ J-V-L-D: 8.30 h-17 h. S: 8.30 h-23.30 h. M-X cerrado.
- 🍽 Precio medio: 25-30 €.
- 🌐 www.juliorestaurant.es

Tradicional y familiar, en 2005 empezaron a realizar menús degustación de cocina más compleja. En 2010 consiguieron el reconocimiento de una estrella Michelín, a la que renunciaron en 2013 para quitarse el "glamour, la fama y la presión". El chef José Luis Ungidos se marchó y el restaurante volvió a un enfoque más sencillo y tradicional, pero de gran calidad y buen precio.

Gandía

Marisquería L´ham

- ✉ Germans Benlliure, 22. Grau de Gandía.
- ☎ 962 846 006.
- ⏱ M-D: 13 h-16.30 h.
- 🌐 www.lham.es
- 🍽 Precio medio: 40-45 €.

Excelentes arroces, *fideuà*, pescado y marisco de lonja en este restaurante situado hacia las afueras, por la zona del puerto. Cuentan con diferentes menús a precios competitivos. La calidad del marisco es de primera, pero nos puede subir la cuenta a más del doble. Calderetas y guisos por encargo.

Vins i més

- ✉ Jesuitas, 3.
- ☎ 639 130 850.
- ⏱ L-M: 11.30 h-16.30 h. X-S: 11.30 h a 16.30 h-20.30 h-00 h. D cerrado.
- 🍽 Precio medio: 30-35.
- 🌐 https://vinsimes. webnode.es

Muy buena calidad-precio en el centro. Cocina tradicional de mercado con toques de fusión. Especial atención y gusto por el vino.

Arrocería Casa Julia

- ✉ Plaza del Pou, 1.
- ☎ 647 698 463.
- ⏱ Todos los días: 11 h-16 h.
- 🍽 Precio medio: 25-30 €.
- 🌐 www.casajulia restaurante.com

Muchos visitan este restaurante para probar su singular fideuà, su perfectamente elaborado rape y sus caseras empanadas. Gran servicio y amable personal.

El Hogar del Pescador

- ✉ Plaza Mediterráneo, 1. Grao de Gandía.
- ☎ 648 830 794.
- ⏱ L-J:13.30 h-15 h y 20.30 h-22.30 h. X y D cerrado.
- 🍽 Precio medio: 25-30 €.
- 🌐 www.elhogardel pescador.com

Cocina mediterránea. Un generoso rape y unos sabrosos mejillones al vapor. La carta de vinos es muy extensa. Cuidado servicio en un ambiente tranquilo.

Llíria

Porta de L'Aigua

- ✉ Parque de San Vicente, Ctra. Llíria-Marines, km 3.
- ☎ 962 790 523.
- 🌐 www.porta delaigua.es
- 🍽 Precio medio: 25 €.

En el Parque Natural San Vicente. Restaurante que también es salón de eventos, con buena relación calidad-precio.

Náquera

La Cantina

- ✉ Plaza la fuente, 5.
- ☎ 622 444 303.
- 🌐 https://lacantina gastrotaberna.com
- 🍽 Precio medio: 20 €.

Sabores caseros y tradicionales con la mayor calidad y vista a la montaña. Muy buenas bravas.

Oliva

Kiko Port

- ✉ Pomer, s/n.
- ☎ 962 856 152.
- 🌐 www.kikoport.com
- 🍽 Precio medio: 35 €.

Restaurante y vinoteca en el puerto deportivo. Cocina actual y tradicional. Terraza. Gastronomía variada.

Ontinyent

Tinell de Calabuig

- ✉ Josep Melcior Gomis, 23.
- ☎ 609 640 101.
- 🍽 Precio medio: 35 €.

Cocina tradicional: arroz, verduras y buen pescado. Postres caseros, como el arnadí de calabaza. Variedad de su menú,.

El Palmar

L'Establiment

- ✉ Camino del Estell, s/n.
- ☎ 961 620 100.
- 🍽 Precio medio: 40-45 €.
- 🌐 https://establiment.com

Especialidad en arroces y paellas a la leña de naranjo, *all i pebre* y postres caseros. Saliendo del pueblo, excelente calidad, con preciosas vistas a la Albufera.

El Mornell

- ✉ Francisco Monléon, 31.
- ☎ 961 620 336.
- ⏱ M-D: 9 h-18 h.
- 🍽 Precio medio: 35 €.
- 🌐 www.mornell.es

Su nombre hace referencia a las redes que usaban los pescadores de El Palmar, para pescar las anguilas

en la Albufera. Local de estética más cuidada que la media de la zona, la calidad también es superior a la media. Arroces y paellas de primera, especialmente las marineras: nécoras y gambas, colas de rape, arroz con bogavante... buen *all i pebre* y alguna tapa más original.

Bon Aire

- ✉ Caudete, 41.
- ☎ 961 620 310.
- 🕐 L-D: 9 h-18 h. M cerrado.
- 🍽 Precio medio: 30-35 €.
- 🌐 www.restaurante bonaire.com

Otra buena opción para probar la gastronomía típica de El Palmar. Arroz y tradición conducido por el chef, Raúl Magrane.

Picassent

L´ Alter

- ✉ Camino Juliet, 3.
- ☎ 961 230 537.
- 🕐 L-D: 9 h-18.30 h.
- 🍽 Precio medio: 30-35 €.
- 🌐 www.restaurant lalter.com

Restaurante familiar situado en un camino de huerta. Cuando estamos llegando vemos cerca de la entrada una enorme montaña de leña de naranjo apilada. Esto es una señal de que nos espera algo realmente auténtico: paellas sencillas insuperables. El New York Times ya le dedicó el espacio. Como la paella tarda alrededor de una hora, conviene llamar para decir a qué hora vamos a llegar.

La Pobla de Farnals

Bergamonte

- ✉ Avenida del Mar, 25.
- ☎ 961 461 612.
- 🍽 Precio medio: 30-45 €.
- 🌐 www.bergamonte.es

Cocina valenciana y carnes a la brasa en una típica barraca. Bodega con vinos regionales.

Requena

Mesón del Vino

- ✉ Ctra. Nacional III, Km 277, salida 291 Autovía del Este.
- ☎ 667 601 905.
- 🕐 X-L: 13 h-16.30 h y 20 h-23 h. M cerrado.
- 🍽 Precio medio: 20-30 €.
- 🌐 www.mesondelvino.es

A un lado, el bar para comer de tapas; al otro, el restaurante. Este mesón a la antigua es toda una institución en Requena. Aquí se pueden degustar los famosos embutidos de la ciudad y platos con claro sabor manchego, como gazpacho y cabrito lechal. El vino es protagonista, con bodega bien surtida con vinos de la comarca.

Mesón Fortaleza

- ✉ Plaza del Castillo, 3.
- ☎ 962 305 208.
- 🍽 Precio medio: 15-25 €.
- 🌐 www.restaurante enrequena.com

Cocina autóctona y buena calidad-precio. Dispone de un menú diario generoso. Recomendable el cordero.

El Yantar Mesón La Villa

- ✉ Plaza Albornoz, 12.
- ☎ 960 231 805.
- 🍽 Menú diario: 14 €.
- 🌐 www.restaurante elyantar.com

Ubicado en un edificio histórico otra buena opción para degustar platos típicos del recetario requenense. Bajo este restaurante se hallan las cuevas que sirvieron en sus tiempos a la Santa Inquisición como sala de torturas.

Sagunto

Marisquería El Racó

- ✉ Joaquín Rodrigo, 4.
- ☎ 962 650 987.
- 🌐 https://marisqueria elraco.es
- 🍽 Precio medio: 40 €.

Con nueva dirección, este establecimiento sigue manteniendo la calidad en sus pescados y mariscos: buenísima." langosta, cigalas, bogavante, buey, nécoras...

Les Salines

- ✉ Av. de las Salinas, 1.
- ☎ 685 648 175.
- 🍽 Precio medio: 20 €.
- 🌐 https://lessalines.es

Con vistas al mar. Especializado en comida mediterránea con un guiño a los caldos de fuego lento, en los que la materia prima de calidad y cercanía marcan el ritmo. Buenas tapas.

El Saler

Arrocería Duna

- ✉ Paseo Pintor Francisco Lozano, módulo 3, s/n.
- ☎ 96 1830 490.
- 🕐 M-D: 10 h-20 h.
- 🍽 Precio medio: 25-30 €.
- 🌐 www.arroceriaduna.es

Carta bastante amplia. Suele estar lleno por lo que recomendamos reservar. Ambiente acogedor con terraza al aire libre. Se pagan las vistas, algo caro.

Serra

Casa Granero

- ✉ Canto de la Torre, 9.
- ☎ 961 688 425.
- 🕐 Comidas: M-D. L cerrado.
- 🍽 Precio medio: 35 €.
- 🌐 www.casarural granero.com

Comida casera. Muchos vienen a este restaurante a degustar su famosa fideuà. Es conveniente reservar.

Sueca

Restaurante Llopis

- ✉ Ronda de España, 91.
- ☎ 961 700 052.
- 🍽 Precio medio: 40 €.

Arroces, pescados y buenas carnes. Cocina valenciana en un ambiente acogedor. Tiene terraza.

Tavernes de la Valldigna

Casa Macario

- ✉ Paseo de la Goleta, 9. Playa de Tavernes.
- ☎ 685 236 557.
- 🖩 Precio medio: 30 €.
- 🌐 www.casamacario.es

Excelentes arroces y paellas. Calidad-precio difícil de encontrar por la zona.

Torrent

La Jabuguería

- ✉ Camino Real, 179 B.
- ☎ 96 1557 301.
- ⏱ L-S: 8.30 h-17.30 h.
- 🖩 Precio medio: 30 €.
- 🌐 https://lajabugueria. com

Local pequeño y agradable donde poder degustar un buen vino con exquisitos platos de caza y carnes de primera. La decoración del local es elegante.

La Posada Del Arroz

- ✉ Av. Vedat, 138.
- ☎ 961 084 097.
- 🖩 Precio medio: 25 €.
- 🌐 https://torrentmarket. es/la-posada-del-arroz

Especializado en arroces y carnes a la brasa. En su carta de entrantes podemos encontrar el pulpo a *feira*, muy recomendado.

Utiel

El Carro

- ✉ Héroes del Tollo, 25.
- ☎ 962 171 131.
- ⏱ L-S: 10 h-16 h. V-S: cenas, de 21 h-23.30 h.
- 🖩 Precio medio: 45-60 €.
- 🌐 www.restaurante elcarro.com

Este restaurante ofrece cocina de mercado bien acompañada por vinos de la zona. Para quienes gustan la caza hay en temporada.

Restaurante Garzarán

- ✉ Las Cruces, 17.
- ☎ 962 173 488.
- ⏱ L-S: 9 h-00 h. D cerrado.
- 🖩 Precio medio: 25-30 €.
- 🌐 https://garzaran.com

Cocina de siempre con toques de vanguardia. Buen restaurante para comer por su relación calidad-precio.

Xátiva

Casa La Abuela

- ✉ Reina, 17.
- ☎ 962 281 085.
- 🖩 Precio medio: 35 €.

Buenos pescados, carnes y arroces. Recupera algunos platos comarcales como *les taronges de Xàtiva*.

MontSant

- ✉ Subida al Castillo, 35A.
- ☎ 962 275 081.
- 🖩 Precio medio: 35 €.

Excelente cocina valenciana con mucha imaginación.

Tapas y horchatas

BARES DE TAPAS

Si comparamos con otros lugares de España, en Valencia no hay tanta tradición de tapeo. Aún así es posible encontrar bastantes bares, bodegas y tascas, donde probar las tapas típicas populares como las *clóchinas*, tellinas, sepia, calamares, *esgarraet* (ensalada de pimientos y bacalao)... y otras más elaboradas.

La Rentaora

- ✉ Plaza Mosén Sorell, 11.
- ☎ 670 396 302.

En el lateral del mercado de Mossén Sorell, en el barrio del Carmen, se halla esta tasca honesta donde comer buenas tapas frías a precios contenidos. Ambiente y terraza muy agradable. En fin de semana resulta complicado cenar sin reserva.

Bar Pilar

- ✉ Moro Zeit, 13.
- ☎ 963 910 497.
- 🌐 www.barlapilareta.es

La Pilareta, como se le conoce popularmente, es uno de los bares más famosos, ya que lleva sirviendo excelentes *clóchinas* valencianas y otras tapas desde 1917. Por desgracia no es tan barato ni tan bueno como la tasca popular que era hace unos años, pero por unos 20 € también podemos tapear bien y probar sus famosas *clóchinas* (ojo, en otoño e invierno solo sirven mejillones).

Tasca Ángel

- ✉ Purísima, 1.
- ☎ 963 917 835.

Pequeña tasca de barra de las de toda la vida, tapas sencillas pero de calidad, como sardinas, ajoarriero

y sepia, a buenos precios entre la Lonja y la plaza del Negrito.

Tasca Boatella

- ✉ Plaza del Mercado, 34.
- ☎ 963 154 071.
- 🌐 https://boatellatapas.es

Por su ubicación privilegiada al lado de la Lonja de la Seda, su terraza siempre está llena de turistas. Sin embargo los valencianos siguen frecuentándola porque las tapas son variadas y los precios no son abusivos.

Ostras Pedrín Bonaire

- ✉ Bonaire, 23.
- ☎ 93 767 054.
- 🌐 www.ostraspedrin.es

Sí, como su nombre indica, aquí las protagonistas son las ostras. Valencianas, asturianas o francesas a precios accesibles. También erizos y conservas de calidad, acom-

pañado de unas copas de vino blanco o de cava. El servicio un poco lento.

Casa Montaña
✉ José Benlliure, 69.
☎ 963 672 314.
🖥 www.emiliano
bodega.com

Reformado recientemente, sin duda es uno de los locales más auténticos y con más solera de toda la ciudad. Antigua bodega que abrió sus puertas en 1836, vendiendo vino a granel a los marineros. Hoy en día cuenta con más de 1.000 referencias en su carta. Ofrece tapas a precios más caros que la media, pero ajustados a su excelente calidad. Las anchoas son una verdadera *delicatessen*. Mejor reservar.

La Pascuala
✉ Doctor Lluch, 299.
☎ 963 713 814.
🖥 www.bodega
lapascuala.es

Uno de los bares más míticos del Cabanyal. Aquí cobra especial sentido la palabra valenciana *esmorzar* (almuerzo). Cacaos, cerveza y bocadillos de campeonato –especialmente de carne de caballo– que no se ha querido perder ni Juan Echanove. Hay que reservar.

Bar Lapaca
✉ Rosario, 30.
☎ 637 860 528.

Ambiente bohemio decorado a lo *retro*. Tanto para tomar unas cervezas o vermús caseros a cualquier hora como para tapear. Especialidad en tortillas.

La Finestra
✉ Vivons, 16.
☎ 963 818 985.

Restaurante informal en una calle peatonal de Ruzafa, donde unos italianos preparan sabrosas mini-pizzas a la piedra. Uno de los bares más económicos del barrio.

Bar Ricardo
✉ Doctor Zamenhof, 16.
☎ 963 823 789.
🖥 https://barricardo.com

A lo largo de tres generaciones, desde 1947, este popular bar de barrio con terraza, que hace bien las cosas: bravas, sepia, pulpo *a feira*, flores de calabacín rellenas zamburiña y gamba.

Bar Cassalla
✉ Buen Orden, 19.
☎ 960 835 223.
🖥 https://barcassalla.es

Frente al Mercado de Abastos, un bar de toda la vida. Latas, chacinería, o quesos artesanales su carta incorpora los sabores del fuego vivo cocinados en parrilla.

HORCHATERÍAS

La horchata es la bebida valenciana por excelencia, extraída del tubérculo de la chufa, se puede tomar granizada, líquida o mixta y acompañada de los clásicos *fartons*. Si tenemos la ocasión es recomendable hacer una pequeña escapada a Alboraya para degustar la mejor horchata, pero en Valencia también hay horchaterías artesanas muy buenas. Las que venden en supermercados deberían tener otro nombre, porque no tienen nada que ver, parecen dos productos distintos.

Valencia

Santa Catalina
✉ Pza. de Santa Catalina, 6.
☎ 963 912 379.
🖥 www.horchateria
santacatalina.com

La más famosa y céntrica de la ciudad. Clásico local con encanto decorado con azulejos valencianos.

El Collado
✉ Ercilla, 13.
☎ 963 916 277.

Buena horchatería detrás de La Lonja. El local no tiene

tanto encanto pero resulta más barata que la anterior con la calidad.

Fabián
✉ Moratín, 1.
☎ 963 349 317.

Esta horchatería-chocolatería ha cambiado de ubicación recientemente. Siempre es buena idea dedicarle una pequeña parada.

Alboraya

Alboraya es la cuna del cultivo de la chufa y de la elaboración de horchata. Es tanta la devoción hacia esta bebida que su arteria principal se llama Avenida de la Horchata. No hace falta decir que aquí se encuentran las mejores horchaterías artesanas. Vamos a destacar las más conocidas, pero hay muchas más.

Daniel
✉ Av. de la Horchata, 41.
☎ 961 858 866.
🖥 https://horchateria-daniel.es

Sin duda la horchatería más famosa. En un gran caserón con varias salas y terrazas con encanto. Por aquí ha pasado gente como Viggo Morttensen, Rafael Alberti o Santiago Carrillo.

Panach
✉ Av. de la Horchata, 19.
☎ 961 860 808.

La preferida por los vecinos de Alboraya. El local no tiene nada especial, parece una heladería corriente, pero la calidad de la horchata y los *fartons* es excelente.

Horchatería El Sariers
✉ Sarcet, 6.
☎ 963 693 879.
🖥 https://horchateria
elssariers.es

Establecimiento que data de 1995, está construido sobre un campo familiar de chufa que se ha cultivado hasta fechas recientes.

❚ Compras

ARTESANÍA

La tradición artesanal valenciana ofrece muchas posibilidades. En lo que a cerámica se refiere, material con gran tradición en la región y que cuenta con Lladró como marca emblemática, el verde-cobre de las baldosas de Paterna compite con el azul de Manises. La madera es una de las materias primas que nutren a la artesanía valenciana, tanto en pequeñas piezas y abalorios como en la fabricación de muebles, principalmente en localidades como Ayora y Torrent. También destacan las ricas sedas con las que se elaboran los trajes de fallera. Hay telas de todos los colores y precios, casi tantas como abanicos pintados a mano o tallados en marfil o madera. El metal, la orfebrería y el corcho (sobre todo en Sagunto) también resultan de interés. Y no podemos olvidarnos del mimbre, protagonista dentro del comercio de la ciudad, de hecho, existe una calle dedicada exclusivamente a productos elaborados en mimbre, la calle de las Cestas. En la capital se celebran tres mercadillos importantes: los sábados, en la plaza Redonda (bordados, telas y *souvenirs*); otro, los domingos, en torno al estadio del Mestalla (todo tipo de objetos, antigüedades y ropa); y, por último, el llamado mercadillo de la Escuraeta, que tiene lugar desde el primer domingo de mayo hasta el Corpus, en la plaza de la Reina (loza, vajillas, cerámica y cacharros de barro). No hay que olvidarse del Rastro de Valencia, uno de los mercadillos de segunda mano más famosos de la ciudad que se celebra los domingos en la Avenida de Tarongers.

Abanicos Vivenca
🖂 Plaza Lope de Vega, 5.
☎ 690 192 055.
🖥 https://abanicos
vibenca.es
Tres generaciones de una familia valenciana, dedicada desde 1910 al oficio de pintar abanicos.

MODA

La zona de compras por excelencia es la calle Colón e inmediaciones donde también encontraremos las tiendas de los diseñadores valencianos tales como Dolores Cortés o Álex Vidal. La Milla de Oro valenciana donde encontrar la mayoría de las firmas internacionales es la calle Poeta Querol. El barrio de Ruzafa vive desde hace unos años una floreciente actividad comercial con establecimientos multidisciplinares.

DECORACIÓN

LLADRÓ Outlet Patio
🖂 Plaza Redona, 4.
☎ 963 922 416.
🖥 www.lladro.com
Outlet para los amantes de la porcelana. Además se puede organizar una visita a fábrica para descubrir el modo de producción de esta fantástica porcelana.

La Postalera
🖂 Correjería, 4/Danzas, 3.
☎ 672 625 176/672 625 329.
🖥 https://stayingvalencia.
com/la-postalera
Una de las *concept store* más especiales de la ciudad. Trabajan con ilustradores valencianos como Jotaká, Luis Demano o Víctor Visa.

GASTRONÓMICAS

En Valencia sería imperdonable no darse una vuelta por los mercados municipales como el Mercado Central y comprar lo mejor de la gastronomía de la zona. Salazones, olivas, vinos valencianos, horchata, el agua de Valencia o la Mistela son las bebidas más recomendables para regalar. Y por supuesto, sin olvidarnos del ingrediente estrella de la provincia: el arroz valenciano en sus tres variedades (Senia, Bomba y Albufera). Para los que sean amantes de la cocina también se pueden comprar un Kit para cocinar la auténtica paella valenciana. Otros muchos municipios guardan sorpresas gratificantes al paladar: embutidos de Requena y Chelva, miel de Ayora y Castelfiabib, cerezas de Serra, yemas de Albaida, vinos de Utiel, Requena y el Alto Turia... y riquísimos dulces como los *pastissos de les monges* de Bocairent.

La Despensa de la Reina
🖂 Drets, 38.
☎ 963 925 167.
Productos tradicionales y *delicatessen* donde prima la calidad. Aceites, mermeladas y miel, conservas vegetales y de pescado, quesos y charcutería, repostería artesanal, patés, mostazas y algas.

Sabor a España
🖂 Muro de Santa Ana, 2.
☎ 613 318 540.
🖥 www.sabor-espana.com
Cinco generaciones de una empresa familiar de productos tradicionales cuya especialidad son los turrones, guirlaches, garrapiñadas y derivados de frutos secos.

Ocio y deporte

TEATROS

Teatro Principal

- Barcas, 15.
- 963 539 200.
- ivc.gva.es

Teatro Olympia

- San Vicente Mártir, 44.
- 963 517 315.
- www.teatro-olympia.com

Teatro la Rambleta

- Bulevar sur esq. Pío IX.
- 960 011 511.
- https://larambleta.com

Teatro Talía

- Caballeros, 31.
- 963 912 920.
- www.teatretalia.es

Teatro Flumen

- Gregorio Gea, 15.
- 9963 273 602.
- www.teatroflumen.es

Carme Teatre

- Gregori Gea, 6.
- 961 936 429.
- www.carmeteatre.com

Teatro Micalet

- Guillem de Castro, 73.
- 963 921 482.
- www.teatremicalet.org

Teatro Rialto

- Plaza del Ayuntamiento, 17.
- 963 539 300.
- ivc.gva.es

Teatro El Musical del Cabanyal

- Plaza del Rosario, 3.
- 963 085 691.
- www.valencia.es/cas/teatre-el-musical

Teatro Escalante

- Landerer, 5.
- 963 912 442.
- https://escalante centreteatral.dival.

FESTIVALES

En Valencia, la música ocupa un lugar primordial dentro del calendario de actividades culturales. El **Festival de les Arts** (https://festival-delesarts.com) es un festival de música alternativa, pop y rock que tiene lugar en la Ciudad de las Artes y de las Ciencias en el mes de junio durante dos días consecutivos. Además del moderno Palacio de las Artes Reina Sofía (que acoge como titular a la Orquesta de la Comunidad Valenciana), destaca con luz propia el Palacio de la Música. Su temporada comienza en octubre con el (https://russafaescenica.com/es), y su ciclo de conciertos y óperas no concluye hasta el verano. En julio tiene lugar el **Festival Jazz&Fusión** (www.marijazz.es), ubicado en el Parque Dr. Lluch (Cabanyal), cuando el Palacio de la Música y sus jardines acogen conciertos de jazz de grandes músicos nacionales e internacionales, además de *jam sessions* gratuitas. También se celebra el **Certamen Internacional de Bandas de Música** (www.cibm-valencia.com) y la **Gran Fira**, con numerosas actividades y conciertos a ritmo de jazz, pop, rock en los Jardines de Viveros.

Pero si la música es importante en Valencia, no lo es menos el cine y la fotografía. La capital acoge durante el mes de octubre la **Mostra de Valencia-Cinema del Mediterrani** (https://lamostradevalencia.com), certamen cinematográfico que cuenta ya con 37 ediciones. El **Festival Internacional de Mediometrajes La Cabina** (https://lacabina.

es) que trae a la capital las mejores películas de 30 a 60 minutos, se celebra en noviembre. Los **ciclos de la Filmoteca** (edificio Rialto) y los de verano al aire libre en los jardines del Turia, junto al Palau, colaboran para aumentar la pasión en Valencia por el séptimo arte. Y no hay que olvidarse del **World Press Photo**, la muestra más prestigiosa de fotoperiodismo mundial. Aunque, sin duda, el principal festival escénico no se realiza en la ciudad, sino en Sagunto y en un escenario muy especial: el teatro romano. En el mes de agosto tiene lugar el llamado **Sagunto a Escena** (https://saguntaescena.ivc.gva.es/es), con programas donde no falta el teatro, la danza, música… ni las primeras estrellas del panorama internacional.

También en Valencia hay tradición taurina. La plaza de Toros de la ciudad cuelga el cartel de "no hay billetes" dos veces año: en Fallas y durante las fiestas de San Jaime, en julio. También es famosa la **Semana Taurina de Algemesí**, en septiembre, donde las corridas se celebran en la plaza del Ayuntamiento.

DE PASEO

El **Valencia Bus Turístico** (https://valenciabusturistic.com; 1pax: 24 €/24 h) que recorre los principales moonumentos de la ciudad, y el **Albufera Bus Turístico** (https://valenciabusturistic.com; 1pax: 22 €), que llega hasta El Palmar y ofrece la posibilidad. Ambos salen de la plaza de la Reina, donde también podremos encontrar numerosos coches de caballos para realizar una visita turística.

CASINOS

Casino Cirsa Valencia
- ✉ Cortes Valencianas, 59.
- ☎ 902 101 505.
- 🌐 www.casinocirsa
  valencia.com

Único casino 24 h de España.

CAMPOS DE GOLF

Quienes quieran practicar golf se encontrarán con algunas de las mejores instalaciones del Mediterráneo.

Club de Golf Escorpión
- ✉ Ctra. San Antonio de Benagéber-Bétera, s/n.
- ☎ 961 601 211.
- 🌐 www.clubescorpion.com

27 hoyos.

Club de Golf El Bosque
- ✉ Ctra. Godelleta, km 4,1. Urb. El Bosque. Chiva.
- ☎ 961 808 009.
- 🌐 www.elbosquegolf.com

18 hoyos.

Club de Golf El Saler
- ✉ Parador de El Saler.
- ☎ 961 610 384.
- 🌐 www.parador.es

18 hoyos.

Club de Golf Manises
- ✉ Maestrat, 1. Manises.
- ☎ 961 534 069.
- 🌐 www.realclubgolf
  manises.es

9 hoyos.

Club de Golf Oliva Nova
- ✉ Urb. Oliva Nov, s/n.
- ☎ 962 857 666.
- 🌐 www.olivanova.com

18 hoyos.

Foressos Golf
- ✉ A7-N 340 (salida 886). Picassent.
- ☎ 902 367 663.
- 🌐 https://foressosclubgolf.
  com

18 hoyos.

La Galiana Golf Resort
- ✉ Ctra Alzira-Tabernes de la Valldigna CV-50, Km 11.
- ☎ 961 103 838.

- 🌐 https://lagalianagolf
  resort.com

18 hoyos.

PUERTOS DEPORTIVOS

Real Club Náutico de Valencia
- ✉ Camino del Canal, 91.
- ☎ 963 679 011.
- 🌐 https://www.rcnv.es

Club Náutico Canet d'en Berenguer
- ✉ Avenida 9 octubre.
- ☎ 664 492 793.
- 🌐 www.nauticcanet.com

Puerto Deportivo Pobla Marina
- ✉ Cortes Valencianas, 59. Pobla de Farnals.
- ☎ 961 463 223.
- 🌐 https://poblamarina.es

Club Náutico Port Saplaya
- ✉ Autopista Valencia-Puzol, km. 4,5. Alboraya.
- ☎ 963 550 033.
- 🌐 www.acncv.org/club-nautico-port-saplaya

Club Náutico El Perelló
- ✉ Av. El Panta, 1, El Perelló.
- ☎ 961 770 386.
- 🌐 https://cnelperello.com

Club Náutico de Cullera
- ✉ Av. del Puerto, 2 Cullera.
- ☎ 961 721 154.
- 🌐 www.nauticodecullera.
  com

Real Club Náutico de Gandía
- ✉ Paseo de Neptuno, 2.
- ☎ 962 841 050.
- 🌐 www.nauticogandia.com

Club Náutico de Oliva
- ✉ Alfonso El Magnánimo, 41.
- ☎ 962 850 596.
- 🌐 https://nauticoliva.es

TURISMO ACTIVO

La Comunidad Valenciana ofrecen numerosas alternativas al aire libre. Ejemplo de ellos son los parajes natu-rales del Parque Natural de las Hoces del Cabriel, donde realizar rafting, barranquismo o senderismo. Cofrentes y Cortes de Pallás son los perfectos para realizar un crucero fluvial por el río Júcar en su zona navegable. La Marina de Valencia, para practicar paddle surf o kayak en la Marina de Valencia. Y por último, para los amantes de mountain bike, los paisajes de Oliva son un verdadero deleite.

CON NIÑOS

Bioparc
- ✉ Av. Pío Baroja, 3.
- ☎ 902 250 340.
- 🕐 Consultar su web.
- 💶 26,90 €.
- 🌐 www.bioparcvalencia.es

Parque zoológico.

Oceanográfico
- ✉ Ciudad de las Artes y las Ciencias de Valencia.
- 🕐 D-V: 10 h-18 h. S: hasta las 19 h. Temporada alta: hasta las 00 h.
- 💶 Desde 25 €.
- 🌐 www.cac.es/
  oceanografic

El mayor acuario de Europa.

Aquópolis Cullera
- ✉ Ctra. Nazaret-Oliva, km 33. Cullera.
- ☎ 961 738 052.
- 🕐 11.30 h-19 h.
- 💶 Desde 20 €.
- 🌐 www.cullera.aquopolis.es

Parque acuático.

Parque Gulliver
- ✉ Antiguo Cauce del Río Turia. Valencia.
- 🌐 https://parcdelturia.
  es/actividades/parque-gulliver

Complejo infantil.

Karting Vives
- ✉ N 332, km 206. Oliva.
- ☎ 962 855 909.
- 🌐 www.karting
  vives.com

Circuito de Karts.

Alojamientos

VALENCIA CIUDAD
En el centro

Hotel Ad-Hoc Monumental***
- ✉ Boix, 4.
- ☎ 963 919 140.
- 🚌 6, 11, 16, 26, 28, 94, 95.
- 🛏 Habitación doble: desde 90 €.
- 🌐 www.adhochoteles.com

Hotel boutique que ocupa un edificio precioso del siglo XIX. Junto al viejo cauce del río Turia, entre las Torres de Serranos y la Delegación del Gobierno. Sin miedo a equivocarnos, uno de los hoteles con más encanto de la ciudad.

SH Inglés Boutique****
- ✉ Marqués de Dos Aguas, 6.
- ☎ 963 516 426.
- 🚌 4, 6, 8, 9, 11, 16, 26, 28, 31, 70, 71.
- 🛏 Habitación doble: desde 100 €.
- 🌐 www.inglesboutique.com

Hotel reformado ubicado en el antiguo palacio de los Duques de Cardona. Enfrente del Palacio del Marqués de Dos Aguas. Ambiente repleto de tranquilidad en pleno centro.

Oliveira Rooms*
- ✉ Virués, 6.
- ☎ 963 060 930.
- 🛏 Habitación doble: desde 60 €.
- 🌐 https://oliveirarooms.com

21 habitaciones boutique en una excelente ubicación.

Hotel Vincci Mercat****
- ✉ Linterna, 31.
- ☎ 961 014 260.
- 🚌 7, 11, 27, 60, 62, 73.
- 🛏 Habitación doble: desde 100 €
- 🌐 www.vinccimercat.com

Elegante hotel con un diseño junto al Mercado Central. Ideal para parejas.

Ruzafa y Ensanche

Hospes Palau de la Mar*****
- ✉ Navarro Reverter, 16.
- ☎ 963 162 884.
- 🚌 4, 10, 25, 94, 95.
- 🚇 L3, L5, L7, L9.
- 🛏 Habitación doble: desde 150 €.
- 🌐 www.hospes.com

Muchos famosos se han dejado ver por aquí, desde Alejandro Sanz hasta Faye Dunaway. El restaurante Ampar del chef Carlos Julián se encuentra aquí.

Hotel SH Valencia Palace*****
- ✉ Paseo de la Alameda, 32.
- ☎ 963 375 037.
- 🚌 4, 92, 93, 94.
- 🛏 Habitación doble: desde 200 €.
- 🌐 www.hotel-valencia-palace.com

Situado frente al Palacio de la Música es el primer 5 estrellas que tuvo la ciudad. Modernas instalaciones, *fitness center*, sauna y servicio de masajes. El restaurante Albufera ofrece platos de cocina local elaborados con productos frescos.

Hotel Dimar****
- ✉ Av. Marqués del Turia, 80.
- ☎ 963 951 030.
- 🚌 92, 93.
- 🛏 Habitación doble: desde 95 €.
- 🌐 www.hotel-dimar.com

Buena calidad-precio. Decoración moderna, cuentan con todo lo necesario para una excelente estancia.

Md Modern Hotel Jardines Del Turia*
- ✉ Mestre Racional, 23.
- ☎ 963 349 984.
- 🚌 13, 19, 25, 40, 95.
- 🛏 Habitación doble: desde 85 €.
- 🌐 www.mdhoteles.com

A unos 600 m de la estación de metro Colón. Todas las habitaciones disponen de decoración moderna exclusiva. A 100 m de la sala de conciertos Palacio de la Música.

Playa, marina y poblados marítimos

Hotel Las Arenas Balneario *****GL
- ✉ Eugenia Viñes, 22-24.
- ☎ 963 120 600.
- 🚌 19, 32, 92, 95.
- 🚇 L4, L6, L8.
- 🛏 Habitación doble: desde 144 €.
- 🌐 www.hotelvalencialasarenas.com

Exclusivo hotel con un jardín que se prolonga casi hasta el mar, tiene aún una joya más: el restaurante Sorolla, donde sirven estupendos arroces.

Hotel Neptuno****
- ✉ Paseo de Neptuno, 2.
- ☎ 963 567 777.
- 🚌 19, 92, 95.
- 🚇 L6, L8.
- 🛏 Habitación doble: desde 100 €.
- 🌐 www.hotelneptunovalencia.com

48 habitaciones de las que 2 son suites con bañera hidromasaje y terraza privada. También 5 junior suites aparte de habitaciones con vistas al mar y a la Marina Real.

Sea You Hotel Port Valencia****
- ✉ Plaza Tribunal de las Aguas, 5.
- ☎ 963 214 330.
- 🚌 4, 19, 30, 92, 95.
- 🚇 L5, L6.
- 🛏 Habitación doble: desde 85 €.
- 🌐 www.seayouhotel.es

Hotel polivalente con una localización inmejorable,

en la zona del puerto. Muy bien comunicado y cerca de la playa.

Hostal Miramar
- ✉ Paseo Neptuno, 32.
- ☎ 963 715 142.
- 🚌 19, 92, 95.
- L8.
- 🛏 Habitación doble: desde 85 €.
- 🌐 https://petitmiramar. com

Renovado en 2023 fue el primer hotel en abrir en la playa de Las Arenas. Privilegiada situación y bonita terraza Rooftop que invita a relajarse en ella y disfrutar de las vistas que nos ofrece.

Alameda, Ciudad de las Artes

The Westin Valencia***** GL
- ✉ Amadeo de Saboya, 16.
- ☎ 963 625 900.
- 🚌 32, 94, 95.
- L5, L7.
- 🛏 Habitación doble: desde 185 €.
- 🌐 www.marriott.com

Exclusivo hotel enclavado en un edificio modernista de 1917. Habitaciones de estilo *art-déco*. Su *suite Real* fue decorada por el diseñador Francis Montesinos. Su Caroli Health Club pasa por ser el club de bienestar más exclusivo del mundo. Alberga los restaurantes Rosemarino y El Jardín. A 300 m del estadio de fútbol de Mestalla.

Barceló Valencia****
- ✉ Av. de Francia, 11.
- ☎ 963 306 344.
- 🚌 19, 40.
- 🛏 Habitación doble: desde 65 €.
- 🌐 www.barcelo.com

187 amplias y luminosas habitaciones, 10 de ellas junior suites y 2 suites. Junto al Palacio de la Música, muy cerca de la Ciudad de las Artes y las Ciencias.

Hotel Silken Puerta Valencia****
- ✉ Cardenal Benlloch, 28.
- ☎ 963 936 395.
- 🛏 Habitación doble: desde 105 €.
- 🌐 www.hoteles-silken.com

Su fachada es un mural alegórico sobre Valencia, que lo firma Javier Mariscal.

NH Ciudad de Valencia***
- ✉ Av. del Puerto, 214.
- ☎ 963 307 500.
- 🚌 4, 30, 92, 93.
- 🛏 Habitación doble: desde 80 €.
- 🌐 www.nh-hotels.com

149 cómodas habitaciones distribuidas en 7 plantas. Su decoración es elegante y moderna, con colores neutros y detalles en rojo.

Palacio de Congresos

Eurostars Gran Valencia****
- ✉ Valle de Ayora, 3.
- ☎ 963 050 800.
- 🚌 62, 63, 99.
- 🚇 L1, L2.
- 🛏 Habitación doble: desde 180 €.
- 🌐 www.eurostars hotels.com

Situado en una de las zonas más modernas de la ciudad del Turia con una ubicación privilegiada Junto al Palacio de Congresos y el Nuevo Mestalla. Comienza en la planta 14 de un edificio con un total de 24 plantas. Desde la piscina de la terraza se contempla una panorámica sobre la ciudad.

Meliá Valencia****
- ✉ Av. Cortes Valencianas, 52.
- ☎ 963 030 000.
- 🚌 62, 63, 99.
- 🚇 L4.
- 🛏 Habitación doble: desde 180 €.
- 🌐 www.melia.com

Es el edificio más alto de la ciudad. Ubicado en la

zona de moda, frente al Palacio de Congresos de Valencia y rodeado de una gran oferta gastronómica y de ocio.

Sercotel Sorolla Palace****
- ✉ Av. Cortes Valencianas, 58.
- ☎ 961 868 700.
- 🚌 62, 63, 99.
- 🚇 L4.
- 🛏 Habitación doble: desde 170 €.
- 🌐 www.sercotelhoteles. com

En el centro financiero de la ciudad es la opción perfecta para una estancia de negocios o una visita turística. Piscina con solárium.

Ilunion Valencia 3 (Beniferri)***
- ✉ Valle de Ayora, 5.
- ☎ 656 487 050.
- 🛏 Habitación doble: desde 110 €.
- 🌐 www.ilunionvalencia3. com

154 habitaciones totalmente equipadas y con todas las comodidades. Ideal para viajes de trabajo.

Parque Natural de la Albufera

Hotel Albufera****
- ✉ Pza. Alquería de la Culla, 1.
- ☎ 963 186 556.
- 🛏 Habitación doble: desde 70 €.
- 🌐 www.hotelalbufera.com

Reconocido con la Q de Calidad Turística, perfectamente comunicado con la ciudad de Valencia.

VALENCIA PROVINCIA
Ademuz
Hotel Casa Emilio**
- ✉ Teruel 23. Torrebaja.
- ☎ 978 783 004.
- 🛏 Habitación doble: desde 45 €.

No hay muchos hoteles en la zona, y este es una buena alternativa para los que visitan la comarca. Establecimiento sencillo y modesto, pero con buen acabado.

Casa Rural Garrido***

- ✉ Solano, 6.
- ☎ 677 507 467.
- 🛏 Habitación doble: desde 50 €.

Casa del siglo XVIII está junto a la plaza de la localidad. La mayoría de las habitaciones tienen vistas al valle del Turia. La casa oferta actividades de senderismo y piragüismo.

Alzira

Hotel Avenida Plaza***

- ✉ Av. Santos Patronos, 36.
- ☎ 962 411 108.
- 🛏 Habitación doble: desde 65 €.
- 🌐 www.avenida-plaza.com

Entresuelo y primera planta de un edificio muy céntrico. Clásico y sencillo.

Bétera

Hotel Ad Hoc Parque Golf****

- ✉ Urb. Torre en Conill. Botxi, 6-8.
- ☎ 961 698 393.
- 🛏 Habitación doble: desde 60 €.
- 🌐 www.adhochoteles.com

Uno de los más frecuentados de la zona por su inmejorable situación: frente al Club de Golf Escorpión. Cuenta con restaurante, jardín, salones comunes... y habitaciones muy cómodas.

Bocairent

Hotel L'Estació***

- ✉ Parc de L'Estació, s/n.
- ☎ 962 350 000.
- 🛏 Habitación doble: desde 80 €.
- 🌐 www.hotelestacio.com

Hotel instalado en la antigua estación de ferrocarril, con vistas al casco antiguo. Bonito jardín y piscina.

L'Àgora Hotel***

- ✉ Sor Piedad de la Cruz, 3.
- ☎ 962 355 039.
- 🛏 Habitación doble: desde 98 €.
- 🌐 www.lagorahotel.com

Hotel rural con mucho encanto dentro del pueblo.

Camping Mariola

- ✉ Ctra. Bocairent-Alcoy (CV-794), km. 9.
- ☎ 962 135 160.
- 🛏 Bungalows: desde 65 €.
- 🌐 www.camping mariola.com

Lugar estratégico para realizar excursiones por la sierra de Mariola. Cuatro tipos de bungalows, parcelas para tiendas de campaña y cabañas de madera.

Cofrentes

Balneario de Cofrentes***

- ✉ Balneario, s/n.
- ☎ 961 894 025.
- 🌐 https://balneario.com

En un tranquilo paraje a las afueras, a unos 4 km. Complejo formado por hotel, centro termal y teatro en torno a un manantial situado en un pinar. Programas especiales de termalismo.

Cortes de Pallás

Casa Fortunato

- ✉ Av. Sánchez Urzaiz, 6.
- ☎ 962 517 026.
- 🛏 Habitación doble: desde 40 €.

Es el único en el pueblo y está situado a apenas unos metros del restaurante. Muy sencillo, solo para dormir. Un consejo: llame antes para saber si hay alojamiento, se ahorrará las curvas en caso de no haberlo. Cortes de Pallás está muy alejado de cualquier otra población.

Embalse de Benagéber

Centro de Vacaciones el Embalse de Benagéber

- ✉ Plaza del Cerrillar, s/n.
- ☎ 963 421 457.
- 🌐 www.albergue benageber.com

Complejo situado junto al embalse que cuenta con un pequeño hotel y dos albergues. Actividades de ocio y aventura.

Enguera

Camping La Pinada

- ✉ Paraje Piscina Municipal.
- ☎ 962 224 503.
- 🌐 www.camping restaurantelapinada.com

3ª categoría. Entre pinares, a solo 300 m de la entrada a Enguera. Perfecto para amantes del senderismo, ya que está ubicado en un paraje privilegiado junto a lagos y restos arqueológicos.

Cullera

Hotel Sicania***

- ✉ Joanot Martorell, 14-16.
- ☎ 961 720 143.
- 🛏 Habitación doble: desde 67 €.
- 🌐 www.hotelsicania.com

Hotel sin lujos con una ubicación inmejorable sobre la misma playa y vistas al mar. Restaurante panorámico y piscina.

Hotel Santamarta****

- ✉ Av. el Racó, 52.
- ☎ 961 738 029.
- 🛏 Habitación doble: desde 82 €.
- 🌐 https://torsehoteles. com/santamarta

A 50 m de la playa Racó. Todas las habitaciones están situadas en 12 plantas y cuentan con terraza privada. Bar y restaurante buffet.

Hotel Carabela II**

- ✉ Av. País Valencià, 49.
- ☎ 961 724 070.

🛏 **Habitación doble: desde 40 €.**
🌐 www.hotelcarabela2.com
Tranquilidad y trato familiar en este modesto hotel a solo 250 m de la bahía de Cullera.

Hotel El Chalet***

✉ **Joaquín Rodrigo Vidre, 7.**
☎ **961 746 535.**
🛏 **Habitación doble: desde 60 €.**
🌐 www.hotelelchalet.com
Ubicación privilegiada en primera línea de la playa de los Olivos. En el restaurante ofrecen buenos arroces y paellas.

Gandía

RH Bayren Hotel & Spa****

✉ **Paseo de Neptuno, 62.**
☎ **962 840 300.**
🛏 **Habitación doble: desde 75 €.**
🌐 www.hotelrh bayren.com
Moderno y elegante hotel en primera línea de playa, con dos piscinas, solarium, spa... En la planta más alta del hotel está el Moon lounge para tomarse unos cócteles.

Hotel Borgia***

✉ **Av. República Argentina, 5.**
☎ **962 878 109.**
🛏 **Habitación doble: desde 50 €.**
🌐 www.hotelborgia.com
72 habitaciones distribuidas en 6 plantas. Buena calidad-precio en el mismo centro de la ciudad de Gandía (no se encuentra en la playa).

Hotel RH Riviera***

✉ **Paseo de Neptuno, 28.**
☎ **962 845 042.**
🛏 **Habitación doble: desde 100 €.**
🌐 www.hotelrhriviera.com
En primera línea de playa. Tiene piscina al aire libre con bañera de hidromasaje y restaurante buffet.

Camping L'Alqueria

✉ **Ctra. del Grao, km 2.**
☎ **962 840 470.**
🛏 **Habitación doble: desde 30 €.**
🌐 www.lalqueria.com
Abierto durante todo el año. A 800 m de la playa, próximo al puerto. Bungalows que van desde los más sencillos a los más equipados con televisión, calefacción, baño y cocina.

Manises

Hotel Port Azafata Valencia****

✉ **Cta. Aeropuerto, 15.**
☎ **961 546 100.**
🛏 **Habitación doble: desde 70 €.**
🌐 www.porthotels.es
A 500 m del aeropuerto de Valencia. Hotel funcional con piscina exterior, gimnasio, sauna y restaurante. Ofrece servicio gratuito de traslado al aeropuerto.

Oliva

Oliva Nova Beach & Golf Hotel*****

✉ **Av. Dalí, 4. Urb. Oliva Nova.**
☎ **962 857 944.**
🛏 **Habitación doble: desde 150 €.**
🌐 www.olivanova.com
Habitaciones con vistas al mar y al campo de golf. Magníficas instalaciones.

Hotel Font Salada***

✉ **Ctra. N 332, Km. 210.**
☎ **674 521 695.**
🌐 www.fontsalada.com
Hotel rural con piscina en el Parque Natural de la Marjal Pego-Oliva, a 1 km de la playa. Cercano al manantial de la Font Salada del que toma el nombre.

Hotel Playa Oliva***

✉ **Pº Francisco Brines, 92.**
☎ **962 855 498.**
🛏 **Habitación doble: desde 65 €.**
🌐 www.hotelplayaoliva.com

A 5 minutos de la playa y del puerto deportivo de Oliva. Los apartamentos y estudios tienen aire acondicionado, terraza y sala de estar con sofá y TV. Baño privado y la cocina tiene nevera, microondas y cafetera.

Ontinyent

Hotel Kazar****

✉ **Dos de Mayo, 117.**
☎ **962 382 443.**
🛏 **Habitación doble: desde 85 €.**
🌐 www.hotelkazar.com
Un bello hotel en un palacio de estilo mudéjar, con 40 habitaciones, terraza y piscina al aire libre. Restaurante de cocina mediterránea.

Paterna

Posadas de España***

✉ **Av. Leonardo Da Vinci.**
☎ **961 366 121.**
🛏 **Habitación doble: desde 56 €.**
🌐 www.posadasde espanapaterna.com
Unicado en el Parque Tecnológico de Valencia, está orientado hacia las visitantes de Feria Valencia. Buena relación calidad-precio. Parking exterior gratuito.

AZZ Valencia Táctica Hotel****

✉ **Botiguers 49.**
☎ **961 194 844.**
🛏 **Habitación doble: desde 73 €.**
🌐 www.azzhoteles.com
Habitaciones con aire acondicionado y TV a tan solo 10 minutos del Palacio de Congresos de Valencia.

El Puig

Hotel Olimpia Ronda II***

✉ **Julio Ribelles, 15.**
☎ **961 471 228.**
🛏 **Habitación doble: desde 50 €.**
🌐 www.hotelronda.es

Habitaciones modernas y confortables en pleno casco urbano. Buen restaurante.

Requena

Hotel Doña Anita**

- ✉ Plaza Albornoz, 15.
- ☎ 962 305 347.
- 🛏 Habitación doble: desde 65 €.
- 🖰 www.hoteldona anita.es

Hotel de gestión familiar ubicado en una casa del siglo XVII. 14 habitaciones totalmente equipadas.

Hotel Avenida*

- ✉ San Agustín, 10.
- ☎ 962 300 480.
- 🛏 Habitación doble: desde 55 €.
- 🖰 www.hotelavenida requena.es

Habitaciones sobrias pero cómodas en pleno centro de Requena. Ofrecen un servicio correcto.

Sagunto

Exe Puerto de Sagunto****

- ✉ Av. Ojos Negros, 55.
- ☎ 962 698 384.
- 🖰 www.eurostarshotels. com
- 🛏 Habitación doble: 40 €.

Situado en el corazón del distrito industrial de Sagunto, edificio de diseño minimalista. 98 habitaciones pensadas para ofrecer una estancia personalizada y única.

Hotel Azahar***

- ✉ Av. País Valencià, 8.
- ☎ 962 663 368.
- 🛏 Habitación doble: desde 50 €.
- 🖰 www.hotelazahar sagunto.com

Funcional y céntrico. Desde algunas habitaciones se ven las ruinas romanas.

Sensity Hotel Vent de Mar***

- ✉ Isla de Córcega, 61.
- ☎ 962 698 084.
- 🛏 Habitación doble: desde 50 €.
- 🖰 www.hotelvent demar.com

A 200 m de la playa en Puerto de Sagunto.

El Saler

Parador de Turismo El Saler*****

- ✉ Av. de los Pinares, 151.
- ☎ 961 611 186.
- 🛏 Habitación doble: desde 120 €.
- 🖰 https://paradores.es

Cerca de la Albufera, y a solo 12 km de Valencia, se levanta un oasis blanco: el Parador del Saler. Esa es la sensación que se tiene al cruzar la puerta de entrada del hotel, gracias a los jardines y ventanales por donde se cuela la luz del Mediterráneo. Es una de las joyas de la red de Paradores. Cuenta con una habitación única, la Xaloc, que es todo un homenaje al mar Mediterráneo.

Sueca

Camping Las Palmeras

- ✉ Ctra. del Saler, km 23.
- ☎ 961 770 861.
- 🖰 www.camping palmeras.com

En pleno corazón del Parque Natural de la Albufera, en un paraje pintoresco a solo 200 m del mar. Cuenta con bungalós.

Tuéjar

Hecu Camping

- ✉ Partida Los Quiñones.
- ☎ 961 635 042.
- 🛏 Cabañas de madera: desde 125 € (4 pax).
- 🖰 https://campinghecu.es

Camping de segunda categoría con capacidad para 540 personas muy cerca de parajes de gran belleza como *El Azud,* el pico de la *Buena Leche* o *Los Felipes.* Buen centro de operaciones para los amantes de los deportes de aventura.

Utiel

Hostal El Vegano II**

- ✉ Isabel La Católica, 2.
- ☎ 962 170 088.
- 🛏 Habitación doble: desde 45 €.

En el centro de Utiel, a menos de 1 km de la autopista A3. Ofrece habitaciones funcionales con aire acondicionado, TV, calefacción y baño privado. El restaurante de El Vegano elabora cocina tradicional a diario.

Xàtiva

Hotel Mont Sant****

- ✉ Subida al Castillo, s/n.
- ☎ 962 275 081.
- 🛏 Habitación doble: desde 110 €. .

El Mont-Sant Hotel se encuentra en la montaña que conduce al castillo de Xàtiva, donde nacieron los Borgia. Se trata de un hotel boutique con piscina en una antigua masía, rodeado de jardines.

Hotel Vernisa**

- ✉ Académico Maravall, 1.
- ☎ 962 271 011.
- 🛏 Habitación doble: desde 85 €.
- 🖰 http://hotelvernisa.es

En el centro de Xàtiva, a 200 m del centro histórico y sus tiendas y bares, y a 300 m de la estación de trenes. Habitaciones bien decoradas y con un servicio diligente y atento.

Información práctica

CALENDARIO DE FIESTAS

❚ Enero

San Antonio Abad. Reconocida como fiesta de interés turístico provincial, el 17 enero es la festividad de los animales. Congrega desde hace siglos a numeroso público deseoso de contemplar cómo los animales son bendecidos con una ramita, a ser posible de olivo. **San Vicente Mártir.** El 22 de Enero es la fecha en la que se venera al santo en Valencia. Desde la víspera, las campanas de la catedral recuerdan la proximidad de la festividad con el toque a "coro" de las cuatro de la tarde y el "volteo" a las siete y media de la noche.

❚ Marzo

Fallas. Llega marzo y arde Valencia. En vísperas del solsticio de primavera y bajo la advocación de San José, más de 700 monumentos de cartón o poliuterano construidos sobre estructuras de madera caen al suelo. Y alrededor, todo es música, fiesta y olor a pólvora. Para buscar el origen de las Fallas hay que remontarse a finales del siglo XV, cuando los carpinteros de la ciudad, la noche antes de la festividad de su patrón San José, quemaban en la calle los artilugios de madera en los que colocaban candiles mientras trabajaban durante el invierno y que con la llegada de la primavera, y por tanto, de la luz, se hacían inservibles. Poco a poco, los carpinteros fueron adornando esos peculiares objetos con ropa vieja y añadiendo al fuego trastos viejos para avivarlo aún más. Así surgieron los primeros *ninots*, con dos maderas cruzadas como cuerpo y cabezas de trapo cubiertas con caretas de cartón, que enseguida se identificarían con gobernantes, políticos, curas... Las Fallas son todas distintas y según sea el barrio donde se localicen serán de mayor o menor envergadura. Todo comienza cuando las diferentes comisiones (grupos de vecinos) solicitan al artista que cree una falla. Si el boceto es aprobado, este lo traduce a una maqueta de arcilla. Un segundo voto a favor le permitirá ya ponerse manos a la obra, teniendo en cuenta que los grupos de *ninots* y las grandes piezas deben montarse la noche de la *plantà*. El día 1 de marzo comienza la acción. Es el día de la *cridà*, esto es, el pregón de la Fallera Mayor que desde las Torres de Serranos anima a todo el mundo a participar de las fiestas. Su indumentaria es la tradicional: prendas rescatadas del siglo XVIII con todo tipo de abalorios, desde peinetas y agujas de plata en el moño hasta colgantes y joyas. Aunque a principios de

TRANSPORTES

❚ Transporte Urbano

Para viajar en los medios de transporte urbanos detallados a continuación, existen el billete sencillo que cuesta 1,5 €, el bono-bús de 10 viajes (10,50 €) o la tarjeta SUMA de 10 viajes (8,50 € + 2€ de la tarjeta) que se pueden utilizar indistintamente en autobuses urbanos e interurbanos, metro y tranvía y trenes de cercanías (el precio variará dependiendo de la/s zona/s por las que se circule). Ambos deben activarse al subir al autobús.

También podemos adquirir de manera online la **Valencia Tourist Card** con la que obtendremos descuentos para monumentos y podremos viajar en autobuses urbanos, metro, tranvía, trenes de cercanías y autobuses interurbanos dentro de las zonas AB. Incluye los trayectos desde el aeropuerto en las líneas L3 y L5 de metro. Su precio es: 24 h/15 €; 48 h/20 €; y 72 h/25 €. **Autobuses.** La EMT (Empresa Municipal de Tranportes de Valencia) dispone de 60 líneas que recorren durante todo el día la ciudad, además de 180 rutas de autobuses metropolitanos que conectan el centro con el aeropuerto (línea 150/1,45 €), los barrios de moda,

las playas de Las Arenas y la Malvarrosa, la Albufera y otros punto de interés. Funcionan desde las 4 h hasta las 22.30 h. A partir de esta hora empiezan a funcionar los autobuses nocturnos en 23 líneas, que termina a las 2 h entre semana y las 3.30 h en fin de semana.
☎ 963 158 515.
🖥 www.emtvalencia.es

Metro y tranvía. Valencia cuenta con 6 líneas de Metro y 4 de tranvía que conectan el centro con los alrededores. La L3 y L5 conectan con el aeropuerto (4,80 € + 1 € del coste de la tarjeta). El tranvía es el transporte más cómodo para llegar a la Malvarrosa y el Cabanyal. Salen desde la estación de Pont de Fusta, frente a las Torres de Serranos.
☎ 900 461 046.
🖥 www.metrovalencia.es

Bicicleta. Valencia es fácil de recorrer a golpe de pedal con sus 170 km de carril bici. **Valenbisi** es el servicio municipal de alquiler de bicicletas, con 300 estaciones por toda la ciudad aunque existen numerosas empresas de alquiler de bicicletas.
🖥 www.valenbisi.es

Ferrocarril. Un total de 5 líneas de cercanías conectan la ciudad con distintos municipios de alrededor.
Estaciones de tren
Joaquín Sorolla (AVE)
✉ San Vicente Mártir, 171.
☎ 902 432 343.

marzo ya se puedan ver las calles engalanadas y a mediodía se dispare la *mascletà* (a las 14 h en la plaza del Ayuntamiento), la Semana Fallera propiamente dicha es la del 12 al 19 de marzo. Cada día comienza con la *despertà* de cada vecindario con bandas de música, y continúa con pasacalles, fuegos artificiales… El día 15 de marzo es *La Plantà:* por fin se pueden ver las fallas que han sido realizadas con mimo durante 12 meses. Todas tienen estructura piramidal que garantiza una perfecta caída y posterior conversión en ceniza. Los motivos que representan pueden ser múltiples. Se exponen unas 300 fallas grandes y otras 300 infantiles, entre las cuales un jurado reparte los premios. Los *ninots* indultados pasarán a formar parte del museo Fallero. Los días 17 y 18 tiene lugar la Ofrenda de Flores a la Virgen de los Desamparados, que convierte la fachada de la basílica en un auténtico tapiz de flores y ramos. La noche del 18 es la llamada *La Nit del Foc,* con impresionantes castillos de fuegos artificiales que preceden al gran día: el 19 de marzo, que culmina con *La Cremà,* el punto álgido, y el más emotivo de la jornada. Desde las 20 h y hasta las 23 h comienzan a arder las Fallas de manera escalonada. La última en hacerlo es la del Ayuntamiento, casi siempre la más espectacular.

Semana Santa Marinera. Destaca entre todas la del Distrito Marítimo de Valencia. Todo empieza con la *retreta,* en la que se anuncia el comienzo de las procesiones. El Jueves Santo se desata la devoción y se organiza una visita a todas las imágenes en todas las parroquias, conocida como la *Nit de les Capelles* o Noche de las Capillas. El Viernes Santo los Cristos van al mar, donde se reza por todos los marineros fallecidos, y se continúa con el vía crucis y el Santo Entierro. La mañana del Domingo es una fiesta de pirotecnia.

Semana Santa de Sagunto. De Interés Turístico Nacional es, junto a la de Gandía, la más emblemática de la provincia. Destaca el vía crucis del Viernes Santo, que va desde la Ermita de la Sangre hasta el Calvario.

❚ Abril

San Vicente Ferrer. El segundo lunes de Pascua los Niños Huérfanos de San Vicente Ferrer escenifican junto a su casa natal milagros obrados por el santo.

❚ Mayo

Traslado de la Virgen de los Desamparados. Apenas son 200 m los que tiene que recorrer sobre andas la Virgen desde la Basílica hasta la Catedral de Valencia el segundo domingo de mayo. La tarde se reserva para la procesión, que lleva a la Virgen, entre lluvias de pétalos de rosas, de nuevo hasta la plaza de la Virgen.

Junio

Corpus Christi. Procesión de las Rocas. Gigantes y Cabezudos y las *Rocas* (carrozas que representan los misterios bíblicos), avanza hasta la plaza de la Virgen al son de dulzainas, con personajes tan pintorescos como la *Moma* y los *cirialots* (portadores de cirios).

Julio

Feria de Julio o de San Jaime. Durante todo el mes, la ciudad se llena de color y ritmo con conciertos al aire libre y castillos de fuegos artificiales junto al mar. También ofrece una noche con los museos abiertos y la espectacular Batalla de Flores, un espectacular colofón en el que la Valencia vibra a ritmo música y olor a rosas.

Agosto

Cristo de la Salud, El Palmar. La Cofradía de Pescadores de El Palmar celebra su fiesta el día 4 de agosto. La imagen del Cristo es paseada en barca por la Albufera para bendecirla.

Fira de Xàtiva. Xàtiva celebra del 15 al 20 sus fiestas que se celebra ininterrumpidamente desde 1250.

Moros y Cristianos, Ontinyent. Última semana de agosto. Están dedicadas al Cristo de la Agonía y han sido declaradas de Interés Turístico Nacional. El acto más relevante es la *Entrada,* con desfiles de las *filaes* (comparsas) de moros y cristianos.

La Tomatina, Buñol. Las fiestas de San Luis Beltrán duran una semana, aunque es la tomatina su principal seña de identidad. Se celebra el último miércoles de agosto y en ella todo el mundo lanza tomates maduros.

Septiembre

Les Festes de l'Arròs, Sueca. Declaradas de Interés Turístico Nacional, las fiestas del arroz se celebran coincidiendo con la fecha de recolección. El acto principal de los festejos es el Concurso Nacional de Paellas.

Fiestas de la Vendimia, Requena. A finales de agosto y se prolongan hasta la primera semana de septiembre, con un sinfín de actos, como la Gran Cabalgata del Vino y la Noche del Labrador.

Fiestas de la Mare de Déu de la Salut, Algemesí. En honor a la Mare de Déu de la Salut, Se celebran del 7 al 8 de septiembre y han sido declaradas Patrimonio Cultural e Inmaterial de la Humanidad por la Unesco.

Octubre

Fiesta de la Comunidad Valenciana. El 9 de octubre, festividad de San Dionisio, es el día de la Comunidad en la que se conmemora la conquista de la ciudad por Jaime I.

Estación del Norte
- Xátiva, 24.
- 902 320 320.

Estación del Cabanyal
- Av. Blasco Ibáñez.
- 902 240 202.

Cercanías Valencia
- 963 357 400.
- www.renfe.com

Aeropuerto
- Manises (a 8 kms).
- 961 598 500.
- www.aena.es

Puerto de Valencia
- A 5 km del centro. Estación marítima, muelle de Poniente.
- 963 939 500.
- www.valenciaport.com

Estación Central de Autobuses
- Av. de Menéndez Pidal, 11.
- 963 466 266.

TAXIS
El trayecto desde el aeropuerto cuesta unos 20 € aproximadamente.

Valentaxi
- 963 571 313.
- https://valentaxi.pro

Tele Taxi
- 963 571 313.
- https://teletaxi valencia.com

Alquiler de coches

Existen bastantes empresas que ofrecen este servicio. La web del Ayuntamiento de Valencia ofrece un listado de las mismas (www.valencia.es).

Avis.
- 902 103 148.
- www.avis.es

Europcar.
- 963 741 512.
- www.europcar.es

Hertz.
- 963 752 515.
- www.hertz.es

Índice de lugares

CIUDAD DE VALENCIA

Ágora (CaixaForum) 71
Almudín 48
Ateneo Mercantil................................39
Ayuntamiento....................................38

Balneario de las Arenas...................80
Baños árabes.....................................49
Barrio del Cabanyal 17, 79
Barrio del Carmen 10, 81
Basílica de Nuestra Señora
    de los Desamparados...................44
Benimaclet 85
Bioparc 76

Casa de las Rocas 60
Casa-museo José Benlliure 59
Casa-museo Vicente Blasco Ibáñez ... 78
Casa natal de San Vicente Ferrer 63
Catedral...45
Centro de Arte H. Herrero (CAHH)....49
Centro de Artes Digitales
    Bombas Gens...............................58
Centro del Carmen 58
Centro valenciano de
    Cultura Mediterráneo....................57
Ciudad de las Artes y las Ciencias 14, 65
Colegio del Arte Mayor de la Seda ...56
Consulado del Mar 41
Convento de San Pablo 54
Convento de Santo Domingo 62
Cripta de la cárcel
    de San Vicente Mártir...................48

Edificio del Reloj 80
Edificio Rialto....................................39
Edificio Veles e Vents.......................80
Ermita de Santa Lucía.......................56
Estación de Calatrava........................74
Estación del Norte............................54

Hemisférico, El 67

Iglesia de los Santos Juanes.............42
Iglesia de San Esteban.....................48
Iglesia de San Juan del Hospital 49
Iglesia de San Martín 52
Iglesia de San Nicolás de Bari
    y San Pedro Mártir 42

Iglesia de San Valero.........................83
Iglesia de Santa Catalina 52
Iglesia de Santo Tomás.....................49
Iglesia del Carmen............................59
Iglesia del Milagro 49
Iglesia del Pilar 56
IVAM. Instituto Valenciano
    de Arte Moderno 12, 57

Jardín Botánico.................................56
Jardines de la Glorieta 63
Jardines de Monforte 74
Jardines del Real (o Viveros) 74

Lonja de Mercaderes.................... 8, 40

Malavarrosa, playa de 77
Marina Real Juan Carlos I 80
Mercado Central...........................9, 39
Mercado de Colón............................64
Mercado de Ruzafa 83
Mestalla...73
Miguelete, El (o Micalet, El)...............47
Museo de Bellas Artes (MuBAV).......60
Museo de la catedral.........................47
Museo de la Ciudad..........................48
Museo de la Seda 56
Museo de la Semana Santa Marinera
    Salvador Caurín Alarcón...................79
Museo de las Ciencias
    Príncipe Felipe...............................68
Museo del Gremio Artesano
    de Artistas Falleros.........................72
Museo Fallero...................................72
Museo Histórico Municipal................39
Museo Marítimo Joaquín Saludes 80
Museo municipal de
    Ciencias Naturales 74
Museo Nacional de Cerámica y
    Artes Suntuarias González Martí...51
Museo Taurino...................................54
Museo Valenciano de la Ilustración
    y la Modernidad (MuVIM) 55

Oceanográfico, El 70

Palacio de Batlia................................43
Palacio de Benicarló (o de los Borja)... 47

Palacio de Congresos......................75
Palacio de Fuente Hermosa 42
Palacio de Justicia 62
Palacio de la Generalitat 43
Palacio de la Música
    y Congresos................................73
Palacio de las Artes Reina Sofía 66
Palacio de los Bou 53
Palacio de los Escrivá......................48
Palacio de los Señores de Bétera.....52
Palacio de Malferit...........................42
Palacio de Pineda 59
Palacio del Marqués
    de Scala Santa Catalina.................43
Palacio del Temple...........................61
Parque de la Cabecera 75
Parque Gulliver 72
Paseo de la Alameda.......................72
Paseo de Neptuno...........................79
Paseo Marítimo...............................78
Playa de la Alboraya........................78
Playa de la Malvarrosa 77
Playa de las Arenas 79
Plaza de Alfonso El Magnánimo 62
Plaza de la Porta de la Mar..............63
Plaza de la Virgen 44
Plaza de Toros 54
Plaza del Ayuntamiento 38

Plaza del Carmen 58
Plaza Redonda.................................52
Poblats Marítims 16, 84
Portal de la Valldigna 43
Puente de Aragón............................73
Puente de Calatrava (Exposición).....74
Puente de las Artes 75
Puente de las Glorias Valencianas ...75
Puente de Monteolivete....................72
Puente de San José 75
Puente de Serranos..........................74
Puente de Serrería 72
Puente de Trinidad 74
Puente del Ángel Custodio...............72
Puente del Mar.................................73
Puente del Real 74
Puerto de Valencia 80

Real Colegio del Corpus Christi........50
Reales Atarazanas 80
Ruzafa... 10, 83

Torres de Quart 56
Torres de Serranos 59
Tribunal de las Aguas.......................46

Umbracle, El 70
Universidad Literaria 50

PROVINCIA DE VALENCIA

Ademuz..116
Agulles,
    Les (sierra) 105, 127
Ahíllas...113
Aigua Blanca, playa de 105
Aigua Morta, playa de 105
Albaida 123
Alboraya...95
Albufera, La 20, 89
Algemesí...127
Almardá, playa de............................99
Alpuente..115
Alzira 127
Anna 121
Aras de Alpuente............................115
Atalaya (pico de la) 113
Ayora..120
Azud, El..114

Barranco de La Cueva del Gato.......113
Barranco de Umbría 108
Barranco del Carraixet 96
Benagéber (embalse) 114
Bétera...100
Bocairent 125
Brosquil, playa de 102
Buñol 118

Calderón (monte) 116
Calles...113
Canet d'en Berenguer 97
Cap Blanc, playa de 101
Carcaixent 127
Castielfabib 116
Chelva..111
Cheste..117
Chiva..117

Chulilla..110
Cofrentes..120
Contreras (embalse)......................108
Corbera, sierra de.........................127
Corinto, playa de 99
Corrales de Silla (yacimiento).........114
Cortes de Pallás.............................119
Cuchillos del Cabriel......................108
Cullera 101

Devesa del Saler..............................94
Dosel (playa) 101

Enguera...121
Escollera, playa de.........................101
Estany, El, playa de 101

Faro, El, playa de 101

Gandía 103
Garbí (monte) 99
Gestalgar 111
Gilet 100

Infern, barranc de L' 103
Isla del Palmar.................................92

Jalance 120

Les Deveses, playa de 105
Llacuna, La......................................104
Llíria 109

Manises...126
Mareny Blau, playa de 94
Mareny de Sant Llorenç,
    playa de 101
Marenyet, playa de.........................101
Montdúver (pico) 103, 104
Moragete, El 120
Mozul...113
Muela de Cortes
    (Reserva Nacional de caza) 119
Muela de Santa Catalina (pico).......115
Muntanya de l'Or............................101

Náquera....................................99, 100

Oliva 105
Olivos, Los, playa de 101

Ontinyent..124

Palmar, El 92
Palmeretes, Les, playa de 94
Parque de La Naturaleza
    Fauna Ibérica 107
Parque Geológico
    de la Comunidad Valenciana 108
Parque Natural de
    La Marjal de Pego-Oliva...............105
Paterna..126
Perello, playa de 94
Perellonet...92
Pobla de Farnals, La.........................96
Puebla de San Miguel......................116
Puig, El...96
Pujol...92

Racó, El, playa de............................101
Racó del Duc 104
Rebalsadors (pico)............................99
Remedio (pico) 113
Requena 106
Rincón de Ademuz 115

Safor, circo de La 103
Sagunto...97
Saler, El, playa de.............................94
San Antonio, playa de.....................101
Serra...99, 100
Sierra Calderona,
    Parque Natural 99
Sierra de Negrete 108
Simat de la Valldigna 104
Sueca..94

Tavernes de la Valldigna.................104
Tejo (pico) 108
Terranova, playa de 105
Titaguas...114
Torrent...127
Tres Creus, Les 104
Tuéjar...113

Utiel...108

Vega del Mar, playa de 94
Villar de Tejas.................................113

Xátiva 122